为什么你的时间不值钱

写给穷忙族的时间管理课

段媛◎著

煤炭工业出版社

·北京·

图书在版编目（CIP）数据

为什么你的时间不值钱：写给穷忙族的时间管理课/段媛著. -- 北京：煤炭工业出版社，2016（2023.6 重印）

ISBN 978-7-5020-5500-4

Ⅰ.①为… Ⅱ.①段… Ⅲ.①时间—管理—通俗读物 Ⅳ.①C935-49

中国版本图书馆 CIP 数据核字(2016)第 222918 号

为什么你的时间不值钱

写给穷忙族的时间管理课

著　　者 段　媛
责任编辑 马明仁
特约编辑 郭浩亮　汪　婷
特约监制 朱文平
封面设计 刘红刚

出版发行 煤炭工业出版社（北京市朝阳区芍药居 35 号　100029）
电　　话 010-84657898（总编室）
010-64018321（发行部）　010-84657880（读者服务部）
电子信箱 cciph612@126.com
网　　址 www.cciph.com.cn
印　　刷 三河市金泰源印务有限公司
经　　销 全国新华书店

开　　本 710mm×1000mm 1/16　**印张** 16　**字数** 245 千字
版　　次 2016 年 10 月第 1 版　2023 年 6 月第 3 次印刷
社内编号 8363　**定价** 39.80 元

序 言

Preface

古人云：一寸光阴一寸金。你拥有大把的光阴，又该如何将其转换为财富呢？

这句话听起来像是一个诡辩，但实际上，这却是管理学中非常严肃的一个科学命题！你知道吗？时间和财富之间其实存在着巨大的关联！

管理学中指出，掌握着社会80%财富的那20%的成功人士，他们并不一定是特别聪明的人，也并不一定都有一个有钱的老爹，也并不一定都是天赋极高的人。但是这些人却都有一个共同的特点：对时间有非常好的掌控力！

对于时间的掌控能力，换句话说就是对时间的管理能力。时间管理、财富管理和目标管理目前被认为是决定一个人人生高度和财富值的重要因素！

说起时间管理这个词语，你是否已经有些胆怯起来，觉得这是一门太过于高深的学问，只有企业高管或职业经理人在MBA课程上才需要学习？其实不然，时间对于我们每个人都是公平的，我们每天拥有的24个小时都是平等的，想要将你的时间变为财富，你就需要学习如何管理你的时间。

为什么有些人每天勤劳繁忙但收入平平，而有些人朝十晚三竟月入过万？为什么同一个职位上的人，有的人很快升职加薪而有些人却一直不见起色？为什么你每天做自己的本职工作就已经累死累活了，而你的老板比你的工作忙十倍但还能滑雪潜水出境旅游，顺道再写两本畅销书？

这些差距是天赋、地位、资质造成的吗？并不是，这恰恰是时间管理不当所造成的问题！

如果你正在被这些问题困扰，那么这本书或许对你会有巨大的帮助！

本书试图打破管理学的条条框框，不写假、大、空的理论，不搬弄晦涩难懂的辞藻，不炒商界巨神的旧饭，而是通过生活在我们身边的一些有钱人、成功人的故事，来诠释个人财富与时间管理的关系！

本书所列举的例子中的主人公涵盖了社会各个阶层，农民、白领、IT精英、金融巨头、企业总裁、大学生、公司秘书文员……本书用平实易懂的语言、精彩真实的故事，让你从他们身上看到时间管理所带来的巨大财富能量。

或许，你想要明年不加班，但薪资翻倍。

或许，你女朋友正在抱怨你陪她的时间不够。

或许，你已经省吃俭用存款五年，但却仍然付不起房子的首付。

或许，你有一个梦想已经藏在心里很久了，但却一直没有实现。

……

其实，这些问题都可以通过管理自己的时间来轻松解决！任何与时间相关的问题都有其科学而理性的解决方法，你处理不好只是你还没有摸清楚其中的道理罢了。

如果你想解开时间与财富的密码，想要一种轻松又健康的生活方式，那么，这本书一定能够帮助到你。

也许你能在本书的某个故事中，找到那个已经困扰了你许久的问题的答案！

目 录

Contents

第一章

你想过吗？你受穷是因为浪费了太多时间

阅读本章，你将会收获一种新的思考方法，学会一种新的工作模式，领悟一种新的生活概念。

第二章

穷忙是种病，筋疲力尽的大脑无法思考

阅读本章，你将会收获更高更优的工作绩效，养成更精更专的工作习惯，获得更多更好的休息时间。

第三章

自己的目标总是无法达成？一定是你的方法不对

阅读本章，你将会实现一个许下多年都未能实现的愿望，完成一个一直都没有完成的目标，掌控一种更轻松、更紧凑的生活节奏。

第四章

智能时代的高效时间管理方法

阅读本章，你将会收获一种高效便捷的生活方式，享受智能时代所带给人类的便利，结交一位和你共同进步的新朋友。

第五章

24小时的管理方法

看完本章，你将收获一种更好的人际关系，养成一个更好的做事习惯，拥有更加美好轻松的全新的一天。

第六章

你已经没有时间可以浪费了

阅读本章，你将会收获一份更清晰的人生规划，达成一个你想做却不敢做的愿望，拥有一份更加美好稳固的感情。

第一章

你想过吗？你受穷是因为浪费了太多时间

阅读本章，你将会收获一种新的思考方法，学会一种新的工作模式，领悟一种新的生活概念。

既要高效率，又要高效能

你想不想变成有钱人？

当这个问题抛出来的时候，所有人的回答都非常自然："当然想啊！"

不管是那些已经被大家公认的有钱人还是那些看上去没那么富有的工薪阶层，大家对财富的追求都是一致的。当然，想变成有钱人的想法本身根本没有任何问题，有追求有理想才是生活的正常态！君子爱财取之有道，你明明可以生活得更好，为什么还非要安于清贫呢？

有很多年轻人在这个社会上为了梦想和财富打拼着，有些人功成名就，有些人碌碌无为，大家都同样努力、同样繁忙，然而为什么有钱人却更加有钱，穷人却丝毫不见起色呢？是因为你不够努力、不够辛苦吗？显然不是。

天道酬勤的道理自然是对的，可是首先你得让自己"勤"在点子上！

你可曾想过，你受穷是因为浪费了太多时间？

说到这个观点很多人恐怕就要愤愤不平了。他们天天早出晚归、披星戴月，工作上丝毫不敢马虎，甚至下班后还要做好几份兼职，他们要比那些看上去"有钱的人"勤奋很多，凭什么就说他们受穷是因为浪费了太多的时间？

我这里所说的浪费并不是指你闲着，而是你确确实实做事情了，可是你做的事情并没有对你产生应有的价值。

更有甚者，同样是做一件事，你却要比别人花费更多的时间，无意识状态下产生的隐形时间浪费是非常可怕的，它将消耗掉你大量的时间和精力，让你精疲力竭而不自知。

或许有些朋友又有困惑了，自己平时工作效率算是高的了，为什么自己依旧受穷？

在这里，我想要大家区分并理解两个词语，**效率**和**效能**。请看下图：

平均量工作的完成只能让你成为一个普通员工

效率：高效率的人在单位时间内可比别人完成更多的工作

同样是鸡，每天下4个鸡蛋的鸡比每天下2个鸡蛋的鸡效率要高很多，映射到生活中，则是工作效率高的人会获得更多的报酬。

然而，最后那一只鸡也只下了两颗蛋，但它下的可是金蛋！映射到生活中，这种能够下“金蛋”的人可比能下4个“鸡蛋”甚至8个“鸡蛋”的所谓高效率的人士酬劳要高得多！

这就是为什么有些人一年的薪酬不过十万，而有些人一天的薪酬动辄百万！庸碌的人总是忙着让自己下更多的蛋，而真正的有钱人则全将时间花费在如何让自己下出金蛋上面！这就是效能对人的财富所产生的影响。

马云在“双十一”一天赚了3.2亿，3.2亿相当于一个月入5000元的白领不吃不喝，工作5333年才能赚到的钱！

这是什么概念？你要从氏族公社时期开始工作，不吃不喝干到今天，才能与马云“双十一”一天所赚的钱持平！

这就是效能的价值！

所以，你是不是觉得自己有必要在提升效率的同时，提高自己的效能呢？效率、效能与财富的关系如下所示：

低效率+低效能=庸碌无为、穷人、巨大的时间浪费

高效率+低效能=勤劳、平凡人、中等的时间浪费

低效率+高效能=聪明人、空想派、较少的时间浪费

高效率+高效能=成功人士、有钱人、较好的时间掌控能力

所以，毫不客气地说，如果你是一个效率低下者或者是一个效能低下者，那么无论你多么勤奋地在做你现在手头上的事情，你都是在浪费时间！

为了让大家更好地理解**效率**与**效能**的概念，下面我举个真实的案例来和大家分析说明。

June是公司的中级秘书，在这个职位上她干了5年。她的工作职责是每日处理部门员工的报销、采购、医疗保险、会议会务等内容。她所在的部门有120名员工，人数众多、事务庞杂，每天的工作8小时都被排得满满当当，必要的时候还要加一会儿班。但她自认为是一个高效率的人，因为她去年还获得了部门内部的优秀员工称号。

但她的职业生涯真正开始有起色，却是在经过Sane的职业指导后。Sane是公司里的董事长秘书，地位一人之下万人之上，连总经理对她都客气有加。这家公司的董事长是国内响当当的人物，能做他的秘书，自然能力不凡。

与其他人不同的是，Sane对June的工作能力并不认可。她当天便扔给June两厚沓资料，要她整理好报表，交由她审核。

June忐忑地做完了报表交给了Sane，与Sane接下来的谈话改变了June的所有工作观念。

"你做完这些用了多久？"

"大概两个小时吧。"

"嗯，你平日里觉得你的工作忙吗？"Sane继续追问。

"挺充实的，但我效率比较高，也不需要太加班。"

"嗯。你刚刚两个小时内完成了两个部门的财物报销单据整理，可是你平日里只为一个部门服务，那些工作足够让你感到充实吗？"

June脸一红，不知道该如何作答，可她平日里确实为这些单据整理要忙上一整天。

她开始反思自己的工作。其实真正整理统计数据资料根本用不了她多长时间，她大部分的时间都浪费在这几个项目上：为员工解答各类问题、审核员工提供的单据是否齐全并打回重新提交、装订员工的报销单、各类单据的分类处理！

在Sane的帮助下，她开始从根源上优化自己的工作流程。她撰写了部门报销及各类需要秘书处理的事务的详细流程，发送了全员邮件并将其挂在公司官网上，有相关需求的员工可以直接在官网上查看流程而再也不需要跟June电话沟通。有了这份指南，员工提交的材料一般都很齐全，她只需要审核就行了。

之后，她又在自己的桌子上设置了小小的文件盒，里面放着双面胶、订书机、透明胶带、小剪刀等各类办公用品。同事可以直接带着材料在她的工位上一边审核一边装订，装订好之后直接分开存放。

后来，她又请公司程序员开发了一个会议室预订页面，所有员工均可以在网页上查看公司各个会议室的使用和预订情况，从此她再也不用靠手头记录这些信息再去多方协调了。

在这一切规程都步入正轨后，June发现自己每天除了将发票单据送到财物处之外，其他的基本都不用干了！她有了大量的空余时间！

这次对于自己工作时间管理的改善效果明显，June如醍醐灌顶，信心大增！随后，她又帮助部门其他职能的同事优化了工作流程，又对整个部门多职能交流方面提出了自己的意见和改良。在此过程中，她的整理能力和资源调动能力得到了很大的提升，很快便被总监提拔为助理，薪资也整整翻了一倍！

至此，June终于打破了自己原有的模式，进入了一个全新的世界！

从前，她只是一只会下普通蛋的鸡，每天兢兢业业地把自己的蛋下好。而现在，她所做的改变和提出的意见对整个部门的工作效率提升都起到了很大的帮助，对公司的业绩有了非常深远的影响，她的行为慢慢变成了一个个“金蛋”。

从这个例子我们可以看出，在June改变前的兢兢业业只能说她效率高，但是在改变之后，她的行为则是效能高！

回想一下，前5年的宝贵时间，都被她这么平平庸庸地浪费掉了！难道不是吗？

这就是效率与效能的差别，你应该在提升自己效率的同时关注如何提升自己的效能，这将会让你的人生发生翻天覆地的变化！

所以，那些看得见的时间浪费并不可怕，因为你知道自己在浪费并且会有意识地去改变它，真正可怕的是你只注重自己的效率而不注重自己的效能，明明在浪费时间却还不自知！

找出无意识状态下的隐形时间浪费

明白了效率和效能的差别，让我们再回到生活上，去寻找那些被我们在无意识的状态下浪费掉的时间。

你是否也遇到过以下这些行为：

早上醒来看见窗外的第一缕阳光，开始想象今天到底是穿粉色的连衣裙好，还是墨绿色的背带裙好呢？如果穿昨天新买的那件衬衫的话，要配什么鞋子好呢？为此，你躺在床上足足想了半个小时，你将这种状态称为“起床困难症”；

你是否注意到那些亿万富翁，例如乔布斯、扎克伯格，他们出现在公众场合的时候永远都穿着同一件衣服？是他们不懂搭配？还是他们请不起一个造型师呢？还是有什么别的原因？

周日起了个大早去图书馆看书，但等公交车在路上花费了近一个小时，其实你家到图书馆打车也不过十分钟；

你周围的老板、上司们，永远看起来风风火火，为一个小小的会议也要打出租甚至坐飞机，即使他们有一整天的时间可以消耗。难道是他们太讲究排场了？

突然想学英语，痛下决心去书店，想要购买一本最适合自己的英语书。结果在书店里逛了两个多小时，最后还是买了自己最初翻过的那本；

去淘宝买双袜子，但是突然看见首页推荐的牛仔裤好像不错，于是你兴致勃勃地挑了一晚上，将自己读书的计划完全抛之脑后了；

为了便宜，去网上买一个马桶垫，可是为了花色挑了一个多小时，自己非常高兴。但是货到之后才发现，马桶垫垫在自家的马桶上，除了自己别人根本看不见，那花色无论多好看，似乎也没什么太大的用处。

……

然而，就在这样的纠结和权衡中，时间被一点一滴地浪费掉了。最后只能茫然叹息：我每天都这么忙，怎么事情总是做不完?

然而你可曾想过，你所做的所有事情，真的都是在忙吗?

你或许从未发现所谓的“起床困难症”只是因为你在纠结今天穿什么衣服；你也从未觉察到，每个月在穿衣搭配上一般人平均要花费超过一周的时间！也就是说，你每个月有四分之一的时间都浪费在思考穿什么衣服上。怎么样？这个数据很惊人吧？你甚至不相信自己也是这些人中的一员吧?

其实，在日常生活中，我们还有很多隐形的时间浪费没有被揪出来，而这些隐形的浪费却是我们完全可以避免和杜绝的不必要的浪费！

为了帮助自己更清楚地了解自己的时间花费，你可以建立一个时间去向的精准记录表格，只需连续记录一周，便能准确地反映出你的时间都被消耗在了哪里。或许，这张异常简单的表格的记录结果，会让你大吃一惊！

这是我随机选取了之前在公众课上，一个网站运营人员小紫的时间记录表格。

第一张表格，是小紫对于自己每日时间用途的预测表格，这是她在正式开始测试之前，凭借自己的记忆，觉得自己每日的时间都被分配在了什么地方，我们要求她根据自己的情况如实填写的。

小紫的时间花费记忆表格

时间段	记忆中自己时间消耗的内容
8:00—10:00	8:00起床上班，洗漱、化妆一小时。9:00开始挤地铁，10:00到公司开始上班。
10:00—12:00	开始忙工作，解决昨天遗留的问题，处理掉40%的工作问题。
12:00—14:00	12:30下班，吃午饭。吃完之后休息30分钟，14:00上班。
14:00—16:00	开始忙工作，处理当天的工作，与客户沟通。
16:00—18:00	依旧是工作，中间可能穿插着上个厕所、喝杯水、和同事聊两句等。但是总时间不会超过半个小时。
18:00—20:00	继续工作，正常情况19:00下班回家，加班的话需要到20:00才能走。
20:00—22:00	回家后做晚饭，洗碗刷锅，装第二天带去公司的饭菜。洗衣拖地做家务。
22:00—24:00	玩一会儿手机，看看视频什么的。然后洗漱，和老公闲聊几句，睡觉。

她的这张时间表看上去并没有任何问题吧？互联网行业上班早下班晚，这也属于正常现象。从这张表格中或许你能看到些许你自己的生活习惯，一天中的内容也不过这些。

做完这张表格后，小紫开始记录她每天的时间消耗，她在手机上设置了以两小时为一个时间段的闹钟，闹钟一响，她就记录下这两个小时之内自己到底做了些什么。当然，这些记录也必须全部属实。记录了一周之后，面对真实的结果，连小紫自己都不敢相信！

以下这张表格，是一周中最能反映她真实状态的一张表格。

时间段	实际情况下时间消耗的内容
8:00—10:00	8:00闹钟响了，8:30才起，洗漱、穿衣搭配一直到9:00，跑步去赶地铁，差点迟到。
10:00—12:00	打开电脑开始上班，接水、上厕所、擦桌子，和同事闲聊两句，将近一个小时就这么过了。十一点左右打开任务单浏览了一遍昨天遗留下来的问题，开始思考解决方案。

12:00—14:00	12:30下班，解决方案还未动笔完成，只在脑中大概思考了一遍而已。吃饭，一边吃饭一边看电视剧，直到14:00，才吃完饭洗好碗。
14:00—16:00	14:04回到工位上，在桌子上趴了一会儿，14:23起来开始工作。打开工作任务单，将所有的问题又浏览了一遍，开始新建文档，撰写活动方案。
16:00—18:00	客户又提出了7个待处理问题。可昨天遗留下来的5个问题还没解决，才刚想好了其中2个的解决方案。17:20的时候，领导跑过来催昨天的方案，开始火急火燎地赶方案。但由于紧急，没有思路，又看了一会儿手机，结果刷了半个小时的朋友圈。
18:00—20:00	19:00的时候，总算是在下班前将解决方案发送给了客户和领导，案子写得大致能过关，但绝非完美无缺。下面还有7个问题在等着自己解决，忽然觉得自己那么忙，并不想在单个问题上花费过多的时间。剩下的一个小时时间，大致思考了一下新问题的解决方案，并未开始整理文档。
20:00—22:00	20:00准备下班回家了，但无意中点开了电脑上的一个弹出链接，不知不觉就看了20多分钟，之后收拾了自己的桌子，关电脑，整理自己的包包，出公司的时候已经20:50了。22:00的时候到家。
22:00—24:00	回家后歇了半个小时，开始洗碗做饭，做完饭收拾好厨房的时候已经00:35了。
00:00—2:00	00:40的时候开始洗漱，1:00上床，玩一会儿手机，大概1:30的时候入睡，基本2:00的时候正式进入睡眠。

如果小紫不列这张表格，她绝对不愿意相信，自己每天的时间花费居然是这样的！

列了一周的时间表格后，小紫这样说："我一直觉得我是每天晚上12点之前上床的，熬夜只是偶尔状态，但是没想到，我熬夜才是正常状态，晚上12点之前睡觉的天数根本没有我想象和记忆中的那么多。"

但是，问题仅仅是这些吗？

她认为，自己每天工作的8个小时，最少有6个小时在认真工作，然而实际上，她全身心投入工作的时间只有下班前的不到2个小时而已！而她看手机、刷网页、神游思考的时间却要大于6个小时！然而小紫说，他们撰写解决文档其实早就已经形成了套路，不需要大量的思考时间，思考顶多是思考一下怎么整理文档的布局罢了，然而在这个问题上她却花费了大量的时间，而且还丝毫没有意识！

其实看到表格的时候连她自己也发现了，她并不是需要思考文档该怎么写，而是习惯于做事之前先拖延一阵子而已。

这张表格中还反映出一个奇怪的现象，小紫认为自己每天晚饭就做两个菜，所有家务加起来也顶多花费自己两个小时的时间，而洗漱和睡前的休闲将花费自己两个小时的时间。然而实际情况却是，光是做饭，每天便能花费掉她超过两个小时的时间，而洗漱则只需要20分钟而已！

从这张表格中，小紫才清醒地认识到自己时间的去向和消耗并非如自己所认知的那般，未知的隐形时间消耗真的是很恐怖的一个量级！

在导师的帮助下，她开始尝试改变。她首先承认了自己做饭慢、做家务慢的事实。表格的分析显示，她每天花费在做家务上面的时间比全身心投入到工作中的还要多得多！因此，小紫下狠心请了一个保姆，虽然多了一笔花销，但这样一来，她便有了大量的时间可供自己支配，给自己学习充电！

做到不在家务上分心、早睡早起后，工作上小紫也做了改变。她每日10点上班后，查收邮件完毕，便将自己的网络断开，将手机放到自己办公室目光所能及，但是却距离自己比较远的地方去充电，这样便能保证自己在一个相对专注的环境下开始处理当天的问题。

针对自己的问题，她开始各个击破，终于做到了将自己的生活掌控得游刃有余。在下一个季度中，她的工作表现尤为突出，升职加薪自然不在话下，更重要的是她开始过得轻松起来，能够合理地掌控和支配自己的时间了！

其实，时间是世间最公平、最严苛的标尺，每个人在固定的时间内产生多少效能，就决定了他（她）能赚多少钱。

这就是穷人与富人、普通员工与精英在观念、做法方面的差距。首先很多人想不明白，穷人之所以穷，是因为怕花钱，他们用时间换钱；富人之所以富，是因为怕浪费时间，他们花钱买时间。而有钱人永远牢记一个准则，从不将时间花费在不产生效能的事情上。

这就是为什么乔布斯、扎克伯格、比尔·盖茨这些亿万富翁们，出现在公众场合永远都穿着同样的衣服的原因，因为他们不想将自己宝贵的时间花费在这些无关紧要的细枝末节上，服装搭配并不能为他们产生价值。而你的老板永远在坐飞机、打出租，即使有足够的时间他们也不会选择步行，因为他们永远都在赶时间，哪怕是赶着回家好好睡一觉！

那么你呢？你每天所花费的时间中，有多少是真正产生效能的呢？不妨也做张表格看看吧！

习惯性拖延是穷人的致命伤

拖延症这种“病”现在可以说是风靡全球了，无论是大事拖延还是小事拖延，似乎大家对这个名词已经见怪不怪。一打开朋友圈，关于克服拖延症的鸡汤满天飞，每周都能看到那么几个立志要克服拖延症的朋友的状态。

有人想要锻炼身体早上晨跑，可是一个月下来每天都无法逃离自己温暖的被窝；有些人想要每天背诵一篇美文，来提升自己与客户交谈时的口才，可是书买回来都落了灰，还没有翻几页；有些人想要减肥，可是天天都跟自己说这顿先吃饱下顿再节食，今天太饱了明天再运动吧；有些人想要在网上写写小说赚点零花钱，可是文档在电脑里建了好几个，时间却都用来刷剧了……

等到时间悄悄溜走，我们才恍然大悟，我们想做的事情还一个没做呢！于是便去朋友圈里发毒誓：一定要跟拖延症奋战到底！然而，要克服拖延的人还在刷着朋友圈，而那些不拖延的人根本没时间去给他们点赞。

习惯性的拖延，其实是穷人的致命伤。在这里我不想再重复那些早已经被网络炒烂的拖延症的症状和害处，我想通过一个朋友的例子让大家看一看，一个算得上成功的有钱人，他在做事的时候是多么的当机立断。

其实在生活中任何你想到的但是没有去做的事情都可以称之为拖延，我想通过这个例子让大家来对比一下自己，看清楚那些成功的有钱人是如何管理自己的目标和欲望的。

我这位朋友以前也是拖延症的重度患者，不过现在已经治疗康复了，并且没有留下任何后遗症，当然，银行的存款也多了不止一个位数。

Andy是一个性格看上去开朗，其实还蛮内敛的人，毕业之后在一家公司做销售，刚毕业的学生气再加上原本就有些内秀的性格，让他在公司待了快一年，都没有做出什么好的成绩，在下一批校招生都快进公司的时候他还没有摘掉“新手”的帽子。

那时候，他的状况很不好，多次丢失客户让他的信心一点一点慢慢流失，每次给客户打电话之前都会在心里踌躇很久想好措辞，也不敢跟领导有过多的交流生怕自己被骂，想要参加一两个俱乐部结识人脉却又怕耽误自己的时间让工作的业绩更不好，想要锻炼身体让自己看上去自信阳光一点却又每天沉浸在繁杂的事务中脱不开身……

他这样子持续了很久，直到有一次他亲眼目睹了自己的总监和一群高中生踢足球。

他的总监是一个非常喜欢踢足球的人，公司里每次有此类活动他必然参加。那天他跟总监去一个客户那里开会，路过体育中心，总监远远地便看见几个高中生在足球场上踢得热火朝天，总监心动了，将西装脱下来和公文包一起递给他，说：“Andy你能先去喝杯咖啡或者在这里等我半个小时吗？我想去踢半个小时的球。”

他傻呆呆地接过总监的包和衣服，呆若木鸡地站在球场边上看着这个年近四十的世界五百强企业的销售部总监跑向那几个十几岁的青少年。总监和他们说了几句话，从旁边休息的人那里借了双球鞋换下了他的皮鞋，便和那些高中生在球场上奔跑起来！

Andy简直不敢相信自己的眼睛，平时在大家面前温文尔雅、高端大气的总监竟然也能做出来这么“犯二”的事情！

在他的心目中，总监若想踢球，也会从自己职场上的合作伙伴中好好地挑选一下，有针对性地发出邀请，然后挑选合适的时间、合适的场地，而不是像现在这样，不到十分钟便和一群高中生进入一场“厮杀”中。

半个小时过后，总监满头大汗地回来了。由于时间有限，他们不得不抛下自己的车子改乘地铁，并且原本准备留着核对讲稿的时间也没有了。他心里很为下午的谈判着急，然而总监却很兴奋，告诉他不用担心。他们上了地铁后，总监立刻打开笔记本电脑，抱在自己怀里翻看今天需要演讲的PPT，到站后立刻去了洗手间洗了把脸，弄了弄头发，出来后又是一个意气风发、温文尔雅的成功人士。

自然，下午给客户的演示没有出任何问题，他们顺利地签了这个合同，他心里默默惊叹，总监出马，就是不一样啊！

回去的路上，我这位朋友对自己的总监道出了心中的疑问：“总监，想不到，你还是个挺放得开的人……不过，你真厉害。”

总监豪爽地笑了：“你是想说我也挤得了地铁，用得惯地铁的卫生间，还能和一帮高中生踢足球？”

“嗯……”Andy难为情地回答道。

“这有什么呢？如果我站在球场边上一直想着我要不要跟一群高中生去踢球，可能一个小时都过去了我还在犹豫。如果我站在地铁站门口想着我这种身份的人适不适合进这样的卫生间，可能在去见客户的时候我还是满头臭汗没办法处理掉。凡事不必想太多，想到了就去做就是了，只要你想做总会有方法的！其实看上去我们是去见客户时间比较紧张，可是我们如果选择搭乘地铁那么又可以省出半个小时来，只要你想做，总会有方法的！”

只要你想做，总会有方法！方法永远比问题多！那句话让我的朋友至今记忆深刻，这件事深深地震撼了他，于是他决心改变！

第二天一大早，他便克服了羞怯，自己主动给办公室的同事们都带了一杯咖啡，他的举动让办公室的同事都很惊讶。当天上午，就有同事好心地提醒他，他的一个客户喜欢图片化的产品介绍，建议他把自己全是文字的产品介绍换成图片化的试试。他听了同事的建议后立刻着手重新做了一份新的产品介绍发给了这个客户，当天下午，他便接到了这个久攻不下的客户的约谈电话！

“想到了就去做，不要纠结！”我这个朋友此后也把这句话不断地传播给其他人。

他的事业就从早上带给同事的那一杯咖啡开始好转起来，这杯咖啡为他赢得了一个很好的客户，也给了他很大的信心！

此后，他每天早上都会早起，打电话叫约好的朋友起床一起去晨跑，跑完步早早地收拾好去上班，路上还可以顺带给有需要的同事带份早餐。他参加了两个针对销售人员的分享沙龙，这将会占去他每周六全天的时间，他不得不每周五下班前就结束掉跟工作相关的所有事情。为了周六早上能早起，他周五晚上必须早睡，后来演变为他每天都在工作时间内将工作做完，尽量不加班，不拖延到晚上，以保证自己每天都能有一个很好的休息和睡眠，周末也能精神焕发，不需要补觉。

他突然觉得自己的时间多了起来，自己像是突然之间有了力量可以掌控自己的生活了！他又去报了个夜校，还报了个兴趣班去学吉他，这两个项目每天都会花费他大量的时间。可是，他积攒下来的好人缘对他的工作产生了莫大的帮助，大家开始跟他分享更高效的工作方法和更有效的谈判技巧，遇到困难时大家也乐于帮助他，他的工作效率整整提升了一倍多！这不仅给他省下了大量的时间，还让他在半年之后便调到了一个部门做了小主管，工资翻了三倍多！

想到了就去做，只要你想做，总有方法做到！

我的这位朋友用自己的实际行动很好地诠释了这句话的意义。小时候长辈们经常说一句话：你穷是因为你懒。而大多数人不是懒，而是因为实在是太拖延。

所以，拖延的人，不要再为自己找借口了！行动起来才是最重要的！

克服拖延症的几个小方法

说到拖延症，一些重度患者就很纠结了，到底怎么样才能摆脱这个病魔呢？对于不同的人，克服拖延症的方法可能不尽相同，但是万变不离其宗，这里有几个原则是共通的，大家在制定计划的时候可以参考。

1.制定清晰合理的目标

制定清晰合理的目标对于你能否完成这件事情至关重要！心血来潮、三分钟热度比每天只进步一点点更难让人成功！

学生时代，我总喜欢在心血来潮的时候给自己制定计划，一个月我要背完一本单词书！

于是我开始没命地背单词，前三天我一有空就背单词，甚至是有其他科作业要写的时候我也先以背单词为先，前三天我总共背了15个list，算是背得很多了。但是到第四天的时候我就开始觉得受不住了，每天背单词实在是花费了我太多的时间了，而且自己回过头去检查，却发现大部分单词自己都没记住，而且几天下来，其他的课程也落下了一些，这让我非常沮丧，而后背单词的进度越来越慢，需要重复的也越来越多。一个月过去了，我才背到第20个list，第二个月过去了，我还是停留在第25个list上。整本书一共有100

个list，想想自己当时下的决心，不禁觉得灰心丧气，对英语也越来越没有兴趣了。

而后，在英语老师的帮助下，我改变了自己背单词的策略。每天我只背一个list，将这一个list的单词牢牢记住，不管这一天我有多闲，我也只看这一个list，绝不多学。实施的第一天，我花费了50分钟背完了第一个list的单词，背完之后立刻感觉身心轻松，觉得自己像是已经完成了某项艰巨的任务！第二天，我花费了40分钟便背完了第二个list，第三天我花费了35分钟背完了第3个list并且花费了10分钟温习了一遍第一个list和第二个list的单词，我开始感觉每天完成这样一个小任务对我来说没有任何难度！

接着第四天，我花费了半个小时就背完了第四个list的单词。第五天，我在早上上课前早到教室后的20分钟内背完了单词。第六天，我在中午吃完饭午睡前的间隙背了一个list的单词。第七天，我在看电影前缓冲的时候背了一个list的单词。我开始感觉背一个list的单词已经成了我生活中的一件小事，它可以发生在任何时候、任何场合，已经不需要我刻意而为之，总是有时间可以让我轻松又愉快地完成它！

随后的日子里，如果有时间，我会多背一个到两个list的单词，那样我会很开心，有一种超额完成任务的成就感！第一个月下来，我背了35个list，第二个月，我背了45个list，第三个月我背了剩下的20个list并且已经将整本书的单词记得相当熟练了！

所以，无论我们做什么事情，都不能盲目地贪多贪快，有一句话说得好，“慢慢来，比较快”。

为自己制定一个合理的目标，让自己每天容易完成并且有成就感，那么慢慢地你就会把这件事情当做习惯，当成一件很快乐的小事。可是如果你为自己制定的目标过大且不详细清晰，执行起来让自己觉得疲累，那么慢慢地你便不会喜欢再做这件事了，拖延和抗拒感便产生了。

所以，看看自己的计划清单，并且有目的性地修正它吧！一个清晰合理的目标是你摆脱拖延的第一步！

2.做充足的准备

有很多时候，你已经为自己制定了清晰合理的目标，但是这件事情你实在是不受控制，但是又想要坚持，例如你习惯性赖床但是却想晨跑，那该怎么办呢？

试着为自己的目标做一个充足的准备！那么你完成它的概率会大大增加！

想要晨跑却无奈起床无能的人数量相当庞大。有人做过一个实验，如果你在睡觉前将第二天晨跑所需要的运动服整理好放在床头，将运动鞋放在门口摆好，那么你不需要早睡，第二天能够起来锻炼的概率也会大大提升！

所以有时候拖延的成因是因为准备不够充足，大脑在计算成本，从而不愿意有一个积极的正向思维。然而如果一切都准备好了，早上醒来为了不辜负前一天的准备，赶紧穿上衣服起床锻炼，方便又快捷，又何乐而不为呢？

所以，想要晨跑的人可以试试这个方法，真的很有效。

而在生活的各个方面，你都可以运用这个方法来克服自己的拖延症。如果你将书本放在自己的枕边，那么睡觉前你可能就会放弃刷微博或者朋友圈，而是去翻几页书；如果你将羽毛球拍带去自己的办公室，那么下班后你可能就会和同事去打上两局；如果你回家后就切掉网络打开小说的文档，那么你在洗漱完毕端着水杯的时候就很容易去码上三千字……

为你自己的目标做充足的准备吧，那么你便会自然而然地投入进去，你也会有更高的概率去完成它！

3.找一个好的旅伴

朋友之间的相互督促，也是克服拖延症的一个非常好的方法！

如果说我们的人生是一段旅程，那么在这个旅程中我们会遇到各种各样的旅伴。比如说，父母是我们年少时的旅伴，夫或妻是我们一生的旅伴，而与我们工作过一段时间的同事、一起上过学的同学、同听一场音乐会的朋友，甚至是同一个饭店吃饭拼桌的陌生人，都是我们在那个时期的旅伴！

所以，如果你想要完成某件事，那么何不找一个志同道合的旅伴呢？

如果你想周末出去钓鱼，那么你可以找一个同样喜欢钓鱼的人每周末相约一起去；如果你想要健身，那么你可以找一个和你一样需要健身的好朋友相互陪伴；如果想要学习一门技能，那么你完全可以新交几个朋友大家相互督促……两个人的力量总是大于一个人，而且有人陪伴有人监督，你就会更加专注更加用心，目标完成得也会非常快！

所以，无论是你自己准备开始哪一段特殊的旅程，无论是学书法、练口才、踢足球、打太极，找一个好的旅伴吧！这样你们俩都会收获更多，通过借助他人的力量来克服自己的拖延！

这几个小方法，你不妨在平日的生活中试一试，来让自己快速摆脱拖延症的困扰！关于如何快速高效实现自己制定的目标，进行合理有效的目标管理，我会在第三章详细介绍，此处不再赘述。

“纠结帝”的快速决断训练

“纠结帝”也称作选择困难症患者，其患病症状为经常在几个选择之间摇摆不定，最终白白浪费了很多时间。

要克服选择困难症，首先我们要弄清楚你为什么会陷入纠结的谜团中。

如果颜色、款式、品牌完全相同的两件衣服，一件五百块，一件五千块，你会不会纠结？答案当然是不会了，傻子才会花费五千块去买一件和五百块一件一模一样的衣服。

如果在离家里一百米远和一千米远的地方都可以买到同一杯咖啡，你会舍弃近的地方而专门跑到一千米之外的地方去买咖啡吗？答案可能也是不会。

在这两种情况下你基本都不会产生纠结的情绪，然而什么时候你会纠结呢？不同款式的两件衣服你都喜欢，而且价格也差不多，你就不知道该买哪件了；同一家蛋糕店里提供两种不同口味的蛋糕，两种你都想尝试，但却一次性吃不掉两块，这种情况下，你就会开始纠结了。

其实，不知道该选择哪一个，从另一个层面上来说，就是被选择的两个或几个物品都有其自身的利弊，且利弊持平，没有哪一个优点能完全碾压掉其他几个。那么在这种情况下，是不是我们选择这些物品中的任何一个其实都可以，都不会产生太大的利益损失呢?

所以，在这个时候，纠结就完全没有必要了，它只会让你造成没有任何效能的时间浪费!

在这里，我为大家介绍一个克服纠结的快速决断训练法，简称为“抛硬币”法则。

这个法则非常简单，如果你在A和B两个选项之间摇摆不定，那么你就抛一个硬币，正面代表A，反面代表B，硬币哪一面朝上则立即选择相应的选项。如果你还想重新再抛一次硬币，那么你就应该立即选择与其对立的选项。

举个例子，你在报一个钢琴班和报一个小提琴班之间难以抉择，因为这两项乐器你都喜欢，你都想学。这时候，你可以抛一个硬币，正面代表报钢琴班，反面代表报小提琴班。如果硬币的投掷结果是正面，那么你就去报一个钢琴班。如果此时，你有极其强烈的愿望想要再抛掷一次硬币，那么你就应该果断地去报一个小提琴班。绝对不需要再抛掷第二次硬币。

在自己纠结的问题上，多尝试这样的决断训练，慢慢地你就会越来越果决，遇到事情也能越来越冷静，越来越理性，将不必要的纠结造成的时间浪费降到最低。

这方法看似简单，但在治疗选择困难症方面特别有用，纠结帝的你不妨试试看。

学会说不，有钱人没有几个是“逆来顺受”的

我们中国的传统文化讲究君子之道，讲究达则兼济天下，穷则独善其身，讲究独乐乐不如众乐乐，讲究团队意识和合作文化。

于是，很多人都将这些概念理解为，能帮人的时候就帮人，别人对自己有要求的时候自己都会尽自己最大的努力去满足，有时候甚至不考虑自己的能力是否能够达到，便一口应承下来。所以，有些人总是把自己搞得很忙、很累、很疲惫，却没有任何收获，于是经常就听到很多人抱怨，整天都在忙却都不知道在忙些啥。

然而，你有没有过以下这些经历呢？

同学或者同事的聚会必然参加，哪怕当天还有很多重要的事情要去做，但是为了维系同学或者同事之间的情谊你也会硬撑到饭局最后，然后再去熬夜赶工作的进度；老板亲自交代给你的任务你丝毫不敢马虎，即使这些并不是你的专长，你也会想尽一切办法做到最好，因为你觉得这是老板对你的考验，你做得好便会让他眼前一亮给你升职加薪；朋友对你有什么要求你一般都会满足，哪怕这会占用你很多时间很多精力你也在所不惜，因为你不想和朋友关系变生疏；你工作特别忙的时候有同事来请教你问题，解答他的问题

花费了你整整一个上午，你心急如焚却还礼貌客气地跟同事说下次有问题还可以来找你，因为你想在同事心里留下一个乐于助人的好印象……

为了他人的看法，你做了很多，然而当你做了这些之后你真的达到自己想要的目标了吗？答案是并不一定。

你参加了很多聚会，却还是只收获了一批泛泛之交；你熬了好几个通宵做出来的工作老板扫了两眼点了点头这事便过去了；你一直对朋友热心热情，然而有一次你确实无力帮助他，他就给你冷脸跟你绝交了；你帮助过周围的同事很多次，但是他们并不觉得你有多么伟大……

回过头来，你问自己，你到底做错了什么？你错就错在不会正确地说“不”。

然而你再看看那些事业有成、家财万贯、好友遍布的成功人士，他们并不是你所理解的那样对朋友有求必应，对老板毕恭毕敬，对同事有问必答。他们从来不“逆来顺受”，他们会勇敢地说“不”。

你是你自己人生的主宰者，请相信你有支配你自己时间和精力的权利，也有对你自己所做的决定负责任的义务，你满足所有人的要求并不是最好的解决方案，甚至这是影响你自己人生发展的巨大阻碍！

若是真的朋友，谁会在乎你一次聚会是否缺席？老板交代给你的任务如果不是你擅长的领域，你完全可以拒绝掉并且为老板推荐一位在这个领域有研究的同事，这样老板不仅能看到一份更加专业的报告，这位同事也会因你为他推荐了这样一个机会而心存感激，而你则为自己节省了大量的时间来专攻自己所从事的领域，等下次老板注意到你的领域的时候，你就可以有一个更好的表现。

对于朋友和同事的请求，能帮则帮，但是在自己真的非常忙或者没有能力的时候，请明确地告诉他们，他们便可以转而求教于他人，说不定他们可以在别人那里得到更好的帮助，而你也再也不必为“老好人”的身份而伤脑筋，久而久之，大家都会认为你是一个有时间观念且有原则的人。

在本章最开始，我举过我们办公室的秘书的例子，她每天要花很多时间帮同事去装订发票，填写没有完成的报销表，甚至还要拿着那些忘了找上司签字的报销表再次去找上司签字。她觉得这样没什么，她是为大家服务的，做这些也还算合情合理，当然，她所花费的时间和精力并没有人看得见。

后来，她编辑了一个报销表格填写规范，并且客客气气地发了一封邮件给大家，在邮件内她详细地描述了报销所需要填写表格的内容以及需要签字和装订的规范要求。她忐忑地发了全员邮件，然而情况并不像是她所想的那样有人会抱怨她给大家添麻烦，反而有很多人夸奖她终于做出了一套流程化的东西。

我曾经遇到过一个非常优秀的产品经理，他是学美术出身，可是他在工作中从来都只画粗糙的概念图，从来不给美工画精细的设计图，尽管他的美术素养高过团队现有的美术界面设计师。

他这么做的理由有两点。第一，他需要将自己全部的精力和心思花费在产品的交互和设计上，给美工画详细且美观的界面图会消耗掉他大量的时间，这样不合算。第二，团队的美工需要成长，他们需要在不断的修改和磨砺中提高自己的技能，自己画详尽的示意图会影响美术的发挥，并限制美术的创意，久而久之美工的成长便不会很大。而作为一个团队，他希望团队中的每一个人都能有足够强的战斗力。

我有一位目前在谷歌工作的朋友，他和大家的关系都非常好，但是他从来都不轻易参加我们的聚会。大学时候，他将自己的精力花费在学习和科研上，有空余时间的时候会和我们一起吃饭，没有时间的时候任我们有什么理由他都绝不会屈从。后来，他研究生时去了斯坦福，更是只花了一年时间便修满了所有课程，继而留在了美国工作。

但是，他的社交很贫瘠吗？并不是这样。至少，他和我们这些人还是亲密无间的朋友，丝毫都没有因为他的“有原则”而疏远。

这样身边发生的真实的故事是否可以给你一些启发呢？有时候说“不”，并不是一件坏事，也不是一件错事，你没有必要拘泥于帮助他人的规则而一味地“逆来顺受”，有时候拒绝了一样东西，你就会获得另外一样东西，而你获得的东西或许对你更有价值。

你要记住，你是你自己人生的主宰者，你有权利支配自己的时间和精力，你有权利将它们分配到更有意义的事情上去，并不必为此感到内疚。

所以，停止那些原本就不喜欢的酒局、饭局、麻将局吧，也停止那些根本就不想去的逛街、理发、做指甲吧，你是你自己，你时间的支配决定了你会将你的人生活成什么样子！

抗干扰能力差的人到底损失了多少钱?

小时候大家应该都听过一个故事，我们敬爱的周总理总是喜欢蹲在大马路边上看书。老师告诉我们这则故事说明了周总理是一个专注、认真、爱读书的人，然而长大后我们再来反思这则故事，或许周总理并不是喜欢蹲在马路边上看书，而是他即使蹲在马路边上也能认真地读自己的书，这或许就是他日后能成为总理的重要原因。

生活中，我们要对抗各种干扰。噪声的干扰、情绪的干扰、谣言的干扰，甚至是环境的干扰。

对抗噪声干扰的能力非常好理解，就是在外界嘈杂的时候你依旧可以保持学习和工作的状态不被干扰，从而学到更多的知识，赚到更多的钱。

抗情绪干扰的能力虽然也不难理解，但是相对来说就没有那么容易做到了。

举个例子，最近变得异常火的喜剧小品演员宋小宝，在参加节目《欢乐喜剧人》的时候，他的母亲正在医院抢救。然而，他还是出色地完成了自己的小品并且逗乐了全国电视机前的观众，他喜剧担当的名号顿时在全国响起，名气直逼赵本山！

然而，想象一下，他如果在演小品的时候焦躁不安、烦闷难过、紧张心虚，那他在舞台上会是什么表现？今天他还会有这样的成就吗？

对抗情绪干扰能力强的人，并不能被错认为是没心没肺。就像是宋小宝，他非常爱自己的母亲，但是他也清楚地知道自己不是医生，守在母亲身边并没有太大的帮助，而自己人在节目组那就暂时忘记痛苦，一心一意地表演自己的小品，在表演结束后便第一时间回到母亲身边。

在他回到医院的时候，母亲还没有从手术室里出来，而他也出色地完成了自己作为一个演员所应该完成的职责。从那次表演过后，各种电影、广告、节目、网剧的邀约纷至沓来，数钱数到手软，宋小宝彻底火遍了大江南北！就连我们办公室自称高大上只听外国音乐会的学美术的美女都知道了宋小宝是谁。

大家可以清点一下，那些出名的大演员，都是基本不会在镜头前面表露自己的软弱博取别人同情的。而那些曾经在镜头前面痛哭流涕讲述各种悲惨故事来打感情牌的演员们，有几个大红大紫了？又有谁记住他们了？

所以，对抗情绪干扰也是一种很重要的能力，拥有了这种能力，你才能更加强大，你才能一心一意地去做某件事，并且将事情做得完美！

抗谣言干扰能力在明星身上也有很好的体现。姚笛在小三事件过后，一蹶不振很久都没有出现在公众视野当中，然而陈赫“好男人”形象破灭后，一直拍戏、上节目、接广告，一点也没有停歇，赚钱到手软！对于这件事情我们不做更深层次的探究，单就抗谣言干扰的能力上，陈赫确实更胜一筹！

最后，抗环境干扰能力，是最难理解，也是普通大众最难做到的一点。例如网上一有城管打人的消息，便会立刻引起强烈的轰动，不管事情的真假，大家就开始疯狂地转发谴责谩骂，哪怕是有些人有心散布的谣言，也不会被发现被揭穿。

不管是开车的还是步行的同志，一遇到路上有老人躺在地上呻吟，便立刻躲得远远的，生怕被讹。前一段时间股市疯长，立刻有大量的人跟进，结果没过几天股市大跌，去天台跳楼都需要排队了……为什么大家都会这样呢？因为我们都受了环境的影响，大环境告诉我们城管是坏人，路上倒地的老人大都是“碰瓷”的，股市最近在疯长买入必定赚钱。于是，有很多真相便被掩埋了。

干扰的种类可以分为很多种，如噪声的干扰、情绪的干扰、谣言的干扰、环境的干扰，等等。但总的来说只跟一点相关，那就是我们对于一件事在正常环境下所能达到的专注程度，统称为抗干扰能力。

那么，芸芸大众中的你可曾算过，你因为抗干扰能力差而损失了多少钱吗？

曾经在一家房地产公司发生过这样一件真实的事情。

国内一些知名的房地产公司，每年都会有很多实习岗位开放给在校的应届毕业生。这一年该公司又进来了一批销售实习生，其中有两个女生特别引人注目。这两个女生来自同一所大学的同一个专业，都长得漂亮、身材高挑。然而，这两个人三个月实习期后的业绩却相差甚远。

两个女孩因为是同校校友，因此常常在一起。两个人都住在学校，每天搭公交车往返于学校和公司之间，因为学校还有课程和作业的要求，她们只能抽时间来学习一些推销相关的术语和房子规格的介绍文字。女孩小A每次都会在公交上一遍一遍地默读那些样板房介绍，而女孩小B则因为公交车上拥挤不堪且气味不好闻，导致她不能专心地去看那一大段一大段的文字。

初始做房屋销售，难免有错误发生，两个人都被来看房子的人毫不客气地骂过，甚至被没有素质的客人骂哭过。小A比较坚强，自己调整好心态后还会安慰小B，之后便更加注重自己专业素养的培养，使自己更精明懂事。

然而，在她俩实习一个月之后，被公司销售部的一些老员工鄙视了，他们说这一批校招生刚从学校里出来，半点都不接地气。做销售重要的是什么？热情亲切有活力，女生还有一些撒手锏，可以黏人撒娇卖乖扮萌，漂亮的女生则更有优势。

最开始听到这句话，两个女孩子都感觉到自己的人格受到了侮辱，自己的原则被触犯了，她们可是名牌大学土木专业出来的高材生，可不是靠脸吃饭的推销小姐，这种事情她们怎么做得出来？

然而，很快，小A就有了转变，她虚心地去请教一些销售成绩好的老员工，学到了一个秘诀：走在路上如果看到豪车，可以站在车旁边等一等，等到车主人来了，可以上前去问一问需不需要买房子，这样的成功率比天天干巴巴地站在售楼中心当接待的成功率要高得多。

小A自我消化了这个秘诀，并且把这个秘诀拿去跟小B分享，然而却遭到了小B的鄙视，她认为这是一件有辱尊严的事情，自己绝对不会放下自己高贵的身价。于是，小A便自己一个人默默地出入各种有钱人出入的地方，按照有经验的人教给她的方法默默地等。很快，流言便在这一帮实习生中传开了，说小A是个没有底线的女孩子，竟然能够低贱到如此地步，说不定哪次就被哪个土豪动手动脚怎么样了呢。刚开始小A听到这些流言她也很难过，但是她还是咬牙坚持了下来。终于，一位开公司的中年妇女在小A诚恳的等待下，愿意在她手上购买一套别墅，而小A专业的讲解和认真的态度，让那位女董事长非常欣赏，立刻邀请了几个朋友也来那片小区买了几栋别墅。

结果，当月小A的售楼提成高达两万多元，小B的成绩依旧是零。

实习期结束后，小A被这家著名房地产公司提前发了offer，学校也知道了小A的能力，在校报上对她做了专访，一时之间小A名扬全校。而小B在毕业之后没有能面试进入这家公司，整日奔走于各个招聘会之中。

所以，这就是内心坚定程度——抗干扰能力对一个人成功和赚钱的影响之大，即使你很容易克服噪声的干扰、情绪的干扰，你还要注意那些不太好控制的——谣言的干扰和环境的干扰。

这就是为什么有些人买了一个所有人都不看好的股票却赚翻了，有些人买了很火的股票却亏死了，不要让环境对你产生干扰，你才能无比强大，所向披靡。

情绪管理是一门必修课

从上一节的内容我们可以看出，情绪干扰是我们日常生活中最常见、也影响最大的一种干扰。

生活中我们经常因为管理不好自己的情绪而错失很多机会，也因此而损失很多金钱。但是情绪是我们与生俱来都会有的东西，大家很容易将情绪看成是天性的一部分，因此很少加以控制，也很少去系统地学习如何管理自己的情绪。

但是情绪对人的损害实在是太大了。一个学生高考的时候可能因为紧张而发挥失常，从而和名校失之交臂；一个毕业生可能在面试前和男朋友吵架了，从而面试不佳错过了进入名企的机会；一个职员可能因为一次事故而影响心情，从而错过晋升的机会；几个流氓可能因为一语不合便大打出手，从而发生命案……

情绪不仅关系着你的成绩、你的工作、你的金钱，甚至关系着你的生命。控制不好你的情绪，你就会在情绪上浪费很多时间，从而让你损失掉很多金钱。

你有考虑过你因为情绪不好而损失了多少时间多少金钱吗？

从社会学的角度上来说，情绪对女生的影响比男生大，对穷人的影响比对有钱人的影响大。这就是为什么大家总觉得成功人士和有钱人都是温文尔雅、彬彬有礼，因为他们总能控制好自己的情绪。

生活中我们往往会遇到很多情绪上的冲突，夫妻吵架、邻里不和、朋友争执、亲人不解，甚至陌生人之间也能发生冲突，这些坏情绪对我们是有百害而无一利的，但是往往大家都认识不到这一点。

女孩子是很容易被情绪干扰的，就像莎士比亚所说，女人你的名字叫作脆弱。脆弱和感性决定了女孩子是社会上的弱势群体，她们是需要被动地接受保护的。

我曾经有一个女性朋友，她工作稳定，人也比较强势，就像正常的女孩子一样也会和男朋友闹矛盾闹分手耍脾气，然后冷战等着男朋友来哄自己。可是有一次他们吵架，只一天，这个女孩子告诉我他们俩和好了。

我很惊讶："你这么快就接受他的道歉了？这不像你的风格呀。"

"没，我跟他道歉了。"

"什么？"我更加惊讶了，"你是觉得这件事你做错了吗？"

"没有！"她翻了一个白眼，气呼呼地说："完全是他的错！"

"那你怎么还跟他道歉了？"我更加不解起来。

她对着我腼腆地一笑："我最近手上接了一个大项目，要不断地和客户沟通交流，如果项目做得好就能补上部门主管的缺呢！这对我来说是个很好的机会，可是我偏偏在这个时候和他闹矛盾了，因为吵架的缘故心里憋着火气和委屈，第一天见客户的时候客户稍稍有些质疑我就烦躁了起来，结果我第一天的工作状态非常差，客户对我也不是很满意。回到家后我思来想去，我必须改变现在的状态，与其跟他耗着争一个对错何不自己先道个歉让感情回到正轨上，然后我就可以全心全意地投入到我自己的工作中了！"

她的话让我非常惊讶，我不得不承认这是一个非常聪慧的女孩子！她一定大有前途！果然过了不久，她就很好地完成了这个项目，升了职，在此后的工作中她的情绪控制也把握得非常好！

可能她遇到的问题是我们大多数人都会遇到的问题，我就是控制不了自己的情绪和别人吵架了，我就是控制不了自己的情绪让情绪影响到我的其他工作了，那么，既然避免不了，为什么我们不想办法解决呢？

生活中我们很多时候都会遇到类似于女孩子给男孩子道歉这样的尴尬，觉得这么做会伤自尊，这么做会觉得自己很没有面子，甚至担心这么做会不会以后他都不会主动向你道歉，甚至有时候就单憋着一口气就是不想先认输……

可是，这样真的好吗？这样做对你的生活又有什么意义呢？

就像我的那个朋友，如果她继续跟男朋友吵下去，那么局面就不一样了，她在男朋友那里受了气，然后影响到工作中，让她觉得自己更加委屈，然而晚上又把气全部撒在男朋友身上，于是，还在气头上的两个人又发生了争执，她再次负气去工作，可能这次客户已经不是简单的不高兴，而是恼怒得要取消合作了。一旦合作被取消，上司的脸色也立刻不好看了，她被上司叫到办公室大骂了一顿。

在上司的办公室里，她再也忍不住委屈，号啕大哭起来，不明白为什么自己会这么倒霉，刚刚失恋，却又遭受了工作失利的打击。然而此后再有什么机会，上司也不会再给她了。

其实我们完全可以换一个角度去考虑这个问题，我需要一个好情绪，需要一个好的状态来处理工作，那么对于影响自己情绪、消耗自己时间的事情能不能暂且忍耐和解决？就像我的那个朋友的想法一样：我不认为是我的错男朋友没有错，但是我可以先解决问题。

这是一个非常聪明的做法，不要让情绪左右了你的时间和你思考的能力！

曾经在大学的课堂上，老师做一个实验，他想找两名学生上前当志愿者，有两个人举手表示愿意参加，并走到讲台前。

老师问其中一个人："你为什么举手？"

那人说："我看班里没人举手，我就上来了。"

老师非常感谢他，从包里掏出了一本书双手递给他："非常感谢你对我的支持和帮助，我把这本书送给你，非常感谢，现在你可以回到座位上去了。"

那位同学非常高兴地走回座位上去了，还有这么便宜的事情，什么都不做老师就白送给他一本书。

老师又问另一位同学："你喜欢钱吗？"

"喜欢。"那位同学犹犹豫豫地说道。

老师转身拿起自己的钱包，从里面掏出一百块钱，揉成一团扔到了他身上："给你。"

那位同学的脸色开始变得不太好，拳头微微地攥了起来，他控制着自己的语气，有些不解地问道："然后呢？"

"然后？"老师两手一摊，"没有然后了呀！"

"我可以捡起钱走？"

"当然可以！"

那位同学很不自然地捡起了那一百块钱，他的动作很明显地能让人看得出来他都不知道那钱他该不该捡。回到座位后，他将那一百块放在自己的桌子上，离自己远远的，也并不打算归为己有。

"我们现在来采访一下两位同学的感受。"老师说道，他问第一位被送书的同学，"你现在的情绪怎么样？"

"高兴，感激。"那位同学回答道。

"那你呢？"老师又转向了那位得到了一百块钱的同学。

"我觉得自己像是受到了侮辱，老师，我知道你是让我做实验，可是我仍旧感觉到自己的自尊有些受伤。"那位同学回答道。

"可是，你获得了一百块，他那本书根本不值多少钱呀！"老师解释道。

"可是你给我钱的方式让我受到了伤害，古人有句话说不受嗟来之食！"那位同学的语气有些不和谐。

“嗯，是的。”老师说道，“如果我是在现实生活中这么对待你们，想必你们一定会冲上来打我的吧？”

全班同学都认真地点了点头。

“很好，这位同学你刚才说我伤害了你，那么我跟你什么怨什么仇，我为什么要伤害你呢？再说我作为你的老师，你觉得我是要伤害你吗？如果要伤害你，我为什么还要给你一百块钱？我还可以有其他很多种方式，不如抽你两耳光。”

“老师，我知道你不会伤害我，你也没有心伤害我，可是刚才那种给钱的方式我怎么能高兴得起来呢？它伤害到我了。”

“你为什么不高兴？你获得了一百块呀？而我可以为我自己作证，我在扔给你钱的时候心里并没有想着要伤害你。”

“可是，你那种扔钱给我的方式……”

“可是你获得了一百块呀！”老师重复道，“是你自己觉得自己受到了伤害而已，我并没有这样想。”

此刻，全班都开始陷入了沉思，没有人再说话了，过了大概十分钟，有人开始顿悟，眼里疑惑的云雾开始逐渐消散。

是的，他获得了货真价实的一百块钱，老师也没有想着伤害他，只是这种获得方式让人不能接受，他自己觉得自己受伤了，这种伤害是他自己用认知自己施加给自己的。但这一百块是不会贬值的呀，自己又为什么要觉得自己受到了伤害呢？

“看来，有些人已经想明白了。”老师接着说道，“大家再想想在你的生活中你遇到过多少这样的事情？有多少事情你是因为表象而否定了它的价值？你去签一份合同，对方老板很狂妄但还是愿意跟你们合作，在他狂妄的态度下隐藏着的是对你们的信任。夫妻吵架就觉得日子过不下去了，然而你们真的是没有爱了吗？再想想你的小时候，父母打你，老师罚你，有多少事情是朝着你扔过来的一百块钱，而你看不到它的价值却还在斤斤计较我给你的方式是什么！你还在计较我是双手奉给你的还是扔给你的！”

“然而，这一百块就是一百块，不会因为我是扔着给你的而贬值。你觉得它不够好那是因为你的情绪在作怪，就像一位著名心理学家说的那样，这个世界上没有别人，只有你自己。只要你不接受伤害，那么别人就不能伤害到你，那么你何不愉快地享用这一百块钱呢？”

老师说完这段话，全班人都陷入了沉思。

“学会管理你自己的情绪，它会让你在面对下一个扔过来的一百块的时候能坦然接受，而不是负气扔给别人两百块，这样没有价值，反而让你损失了两百块。”

这节课至今让我印象深刻。也知道情绪的产生不应该是它原来的那样。

或许，别人在“扔”给你钱的时候，并没有怀着恶意，而是你自己的意识和错觉，让你觉得你自己受伤了。

所以，在情绪管理上，我们必须得先克制自己的情绪让自己看到事物的价值，然后再决定你要怎么做，而不是一急就什么都不顾了。

换框思维打败消极情绪，设置自己的“能量按钮”

明白了情绪对人的影响之后，我们便知道其实很多事情我们都可以不那么消极地去应对。可是现实生活中，我们总会莫名其妙地觉得很累，总会遇到工作或者生活中有很多难题需要解决的时候，在这种时候你有没有幻想过你自己身上要是能有一个按钮该多好，只要轻轻一按，你便会开心快乐，充满能量和激情？

那么，你为何不自己给自己设置这样一个“能量按钮”呢？我想我们有必要来讨论一下如何打败消极情绪，怎么来给自己设置这样一个“能量按钮”。

说到换框思维，大家都很好理解，那就是换个角度看问题。看问题的角度不同，结果就会不同。

可是，换框思维并不是大众所认知的那样，在遇到问题的时候再去冷静分析再去换个角度看。相反，这种思维是一种习惯，是需要你在日常生活中慢慢培养起来的。改变自己的消极情绪，首先要从改变日常生活中的习惯做起。

请看下面这张表格，你是否也有过这样的言语或者用词？

这事不可能
我就这样
他把我气疯了
要是他不那么过分
他们不会答应的
我不得不
我还没有做
真的很难过

在生活中你是不是经常会有这样的言语或者用词？

那么我们能不能换一种方式换一种说辞呢？如果换一种说法又会有怎样的效果呢？请看下面这个表格。

消极被动的言语	积极主动的言语
这事绝不可能	试试看这事还有没有其他可能？
我就这样	我可以根据环境选择不同的作风
他把我气疯了	我可以选择控制自己的情绪，为什么要被他气？
要是他不那么过分	他为什么这样做？他的诉求在哪里？
他们不会答应的	问问看他们是什么意思？为什么不会答应？
我不得不	我还有没有其他选择？
我还没有做	我马上就去完成
真的很难过	我可以控制自己的情绪，有没有什么好的解决方法？

从上面的表格可以看出，任何我们日常所用的消极言辞，都有可以将之替代的积极主动的表达方式。其实，我们的语言习惯和我们的思维方式有着莫大的关联，当我们换一种积极主动的说辞来替代我们的日常用语，那么会对我们自己起一个很好的逻辑思维的导向作用。

只要我们能在日常的工作和生活中注意锻炼和调整自己，学会把控自己的情绪，让自己慢慢养成一个正向的思维习惯，那么很快我们就会走出消极情绪的干扰！

这样不仅能够在自我意识的提升上有很大的帮助，还能让和自己一起工作的同事或者朋友感到你身上的正能量和积极主动的一面，让大家更信任你，更认可你，从而获得更高效、更默契的合作模式。

在明白了语言习惯对人潜移默化的影响后，下面我们再做一个训练。这个训练能帮助我们看到事物的两面性，让我们不再鼠目寸光地沉浸在单方面的得失中不能自拔。

请在下面表格左侧填上一些消极的词语，这些词语能够描述你自己或者他人目前的状况，这些描述性的词语越负面越好。然后在右面的空白处填上一些积极的词语，而这些词语并不是用来描述你现在的状态的，也不是左边的词语的反义词，而是你需要硬生生的从左边负面的词语中掰出来一些正面的意义来。

在横线上填上负面的形容词	在横线上填上正面的形容词
我是一个______的人	我是一个______的人
TA是一个______的人	TA是一个______的人
最近的工作比较______	最近的工作比较______
最近爸妈总是______	最近爸妈总是______

我们来看看我的一位朋友，他是怎么填写这个表格的。然后我们再根据他的表格来进行分析。

在横线上填上负面的形容词	在横线上填上正面的形容词
我是一个容易烦躁的人	我是一个敏锐／危机意识强的人
TA是一个惰性大、嘴碎的人	TA是一个安稳踏实、会照顾人的人
最近的工作比较烦	最近的工作比较能学到东西
最近爸妈总是打扰我工作	最近爸妈总是为家里的事情忙里忙外

这位朋友这样解释了自己的表格内容。

他是一个很容易烦躁的人，而他的烦躁大多是来源于对现实的不安和对自己的高要求。任何事情他都能想到方方面面，力求完美。他的上进心和争胜心都很强，当这些情况得不到满足的时候自己就会烦躁。可是这也说明了自己是一个危机意识很强、敏锐细心的人，并且有足够的欲望和动力，这也使得他的工作总是很出色，能很快地得到领导的赏识和提拔。

他这里所填的TA指的是自己的女朋友。自己的女朋友是一个惰性非常大的人，吃饱了这一顿就不想下一顿了，还整天在他耳边吵“你怎么还不吃饭？你怎么还没下班？”这类让他觉得比较烦的问题。

但是反过来看，他其实挺羡慕自己女朋友这种安稳踏实的心态的，今天能挣一百块她就很满足很高兴，不会费劲心思去想明天怎么赚一百二十块，所以她过得很简单很幸福，这是他完全达不到的状态。另外，女友的这些唠叨也是因为心疼他，女友在唠叨过他几次之后，每天晚上在他加班回家后都会给他煮上一碗热气腾腾的牛肉面，这让他非常感动。

对于工作，他说最近的工作比较烦，因为很多东西都是他以前没有接触到的，不会做，而且周围的同事也没有对这一方面比较懂的人，因此在摸索阶段他觉得很困难，挺烦的。可是，等他慢慢学会了这一块的东西，找到了方法和诀窍，坚持过最近这一段最难熬的时间，这种烦闷和无力感就会消失，他就会越来越顺手，成为部门唯一懂这一块技术的稀缺人才！

而最近父母确实经常打扰他的工作，让他有点吃不消。可是，父母总是电话轰炸他的原因是父母要在老家给他买一套房子，价格、户型、地段等问题都需要随时跟他商量，因此才会经常在他工作时间跟他打很长时间的电话。

你看，通过这种方式，同样一件事情是不是都可以分析出两种完全不同的结果？而前面一种总是会让你满满的负能量，而后面一种想法却能让你有满满的温情、满满的动力、满满的正能量！

所以，尝试用这种表格的方法来处理你自己生活中的不如意吧，从多种角度去分析去考量，生活中的所有困难就都不是事儿了，还有什么能困扰得了你的吗？

当你看待事物足够全面、足够心平气和的时候，你就可以尝试在生活中去寻找和设置自己的“能量按钮”。

这个能量按钮非常简单，只需要在日常生活中用心去观察、去体会那些能让你动力满满的事物便好。

例如，我们公司的总裁是一位成功的女性，她的能量按钮就是她在国外读书的儿子。每当她觉得累、觉得有什么坎过不去的时候，只需要看看她儿子的照片，便能立刻恢复状态！

而我的能量按钮则是画一幅画，这看似和自己的工作风马牛不相及的事情却能瞬间让我躁动的心安静下来，让我能更加理性和清醒地去思考。

所以，学会去观察自己的生活，并在其中寻找适合自己的能量按钮。它可以是一顿火锅，一双漂亮的鞋子，一个爱人的拥抱，一杯浓郁的咖啡。

用心体会并且不断加强它，不要让自己在颓废和坏情绪中浪费时间，你将会获得一笔意想不到的财富！

话痨的悲剧

语言表达是一项非常重要的能力，我们常常认为能说会道、口若悬河的人往往更容易获得成功，因此很多人都会在各种场合故意让自己看起来健谈且容易交流，认为聊得多了，成功也就不远了。然而，这个认知却不一定正确，成功的人往往并没有那么多废话。

话痨，其实是一个悲剧。我们在没有意义的废话上消耗的时间，是最不值得投资的时间。

发生在我朋友思思身上的是一个真实的悲剧故事。

思思是一个健谈的姑娘，她思维敏捷，逻辑性强，大学时曾经获得过全校辩论赛的最佳辩手。而思思大学的男朋友是一个看上去诚恳老实的人，带着一种东北爷们儿的直爽和不羁。

然而，思思不是一个话痨，她的男朋友才是一个话痨。

思思虽然健谈，一张巧嘴死的都能说成活的，但是她为人谨慎、做事认真，平日里并不多言。工作后，思思很少在办公室里和别人谈笑风生，只是在面对客户的质疑和反问时，舌辩群儒，多难缠的客户都会被她拿下。

她平日里跟不熟的朋友很少打电话，没有意义的聚会也很少去。然而她的男友却不然，他可以跟一个许久不联系的人打电话长达一个小时，只要对方不挂，他就不挂，认为这是朋友义气。他可以跟一群不认识的人喝酒聊天搞到晚上两三点，还一脸无辜地说，人家找我喝酒我能怎么办？平日里只要有饭局有活动，他是必参加的那个人，而且只要有人找他说话，他就立刻能变身专业的陪聊，还义正辞严地说，这是为了活跃气氛！

虽然他这种饭局参加得很多，但是真正能给予他正能量的真心的朋友却没有几个。对此思思委婉地跟他提出过很多次，但是他都不置可否，反而认为自己的做法才算是爷们儿。

两个人因为这个问题经常吵架，日积月累，分歧越来越大。三年之后，他们俩分手了。总结下来，男友应该就是因为话痨而悲剧的。

首先，三年来男友的工作业绩没有任何提升，这大部分是源于他实在是个大话痨。平日里办公室无论谁起个什么头，他都能接下去认真地聊起来。因此，办公室里大家无聊了都会找他聊一聊，最后形成的局面就是铁打的陪聊、流水的同事。他认为自己的人际关系很好，但是在同事心里，他就是个话多且干活不认真的人。

而思思三年后早已经是公司的高级商务，薪资待遇早已经不能同日而语了。

其次，男友在生活质量和生活情调上一点点都没有提升，这大部分也是源于他实在是个大话痨。在上海这座城市，快节奏的工作早已经将个人的休闲时间压榨得少之又少，每个人都很在意自己的私人时间，但男友却不以为然。他竟然可以和保险推销员打上两个小时的电话，也可以和房屋中介聊上一个上午！这让思思实在是不能理解！

她尝试告诫过他无数次，他的理由是：人家给我打电话，我总不能就直接挂了吧？

由于他的“宅心仁厚”，保险公司和房地产中介似乎将他列为了重点推销对象，每天就有好几个长达几个小时的电话打进来！如果某一天晚上男友加班，不用想，一定是下午又接了哪个推销员的电话不忍心挂了！

或许他认为他跟这些人聊聊天没什么，可事实却是，他不仅浪费了很多工作的时间，也浪费了很多原本可以陪爱人的时间，就那么一点点的闲暇时间他却全部用来听无关紧要的人的废话了。久而久之，工作没做好，女友也得罪了。

最后，男友话痨的毛病是谁都爱搭理，还总以为是别人爱跟他聊。他认为，对朋友奉陪到底，这是仗义。而这件事对他们的感情造成了不小的冲击。

思思的男友有一个好朋友，是一个酷爱抽烟喝酒打牌享乐的一个人，全身流氓气质，甚至还爱玩女人。他和思思男友有一个共同的特质，就是都是话痨。这个朋友经常来找思思男友，两个人凑在一起喝酒打牌吹牛皮，总是能从下午一直说到第二天凌晨。

可是话痨有一个特点，就是吹起牛皮来，连自己都信，什么你是我永远的兄弟，好兄弟肝胆相照一辈子，这辈子哥陪着你之类的话随口就说，结果思思男友感动得一塌糊涂，认为对方是真兄弟！虽然思思经常为此跟他吵，但他却总想着，自己不能为了一个女人就和自己的兄弟绝交吧？

结果，他就背着思思和这个男的来往，依旧是随叫随到，喝酒抽烟打牌一个也不落下。

每当思思因为这件事和男朋友吵起来的时候，男朋友总是那么几句解释：我也很烦他啊！可是他来找我我能怎么办？他是我朋友我能不理他吗？他因为一些事情心里不高兴和我聊聊，我能不陪着吗？是他来找我的，我没有主动找他！

在一次朋友的婚宴上，男友居然可以和两个完全陌生的人聊天喝酒到晚上两点，将思思一个人扔在宾馆。他对思思的解释依然是：他们要找我喝酒，我能怎么办？他们要找我聊天我能不聊吗？

对于这些话，不仅是思思，我都要反问了，为什么不能呢？那个“兄弟”完全是一个会毁了他前程和爱情的祸害，而婚宴上的那两个人完全就是陌生人，这些人都值得他放弃事业、放弃思思吗？

与其说是别人喜欢找他聊，不如说他自己话痨的性质，对谁都愿意陪着。

若说一个男人最重要的是事业和爱情，那么思思男友的特质，毁了自己的事业，也毁了自己的爱情。

每个人的时间只有一份，在不喜欢的人身上浪费得多了，在喜欢的人身上用掉得就少了。事业是需要拼搏和奋斗的，爱情是需要经营和灌溉的，而这两者最最需要的都是时间的投入！

二十五岁到三十岁是一个人最重要的年纪，在这段时间里，你要成家也要立业，这两件事是你人生中最最重要的大事，马虎不得也耽搁不得，要把这两件事做好就已经够你忙得焦头烂额了。你怎么舍得把这么宝贵的时间浪费在和人喝酒打牌、吃饭玩乐上呢？你真的愿意自己做一个话痨，把自己的宝贵时间全部花费在没有意义的谈话上吗？

中国有一句古语特别适合如今的年轻人进行学习和探讨：言多必失，谨言慎行。

这个世界永远需要强者去展现自己真正的本事，话多不能脱贫，实干才能致富！

第二章

穷忙是种病，筋疲力尽的大脑无法思考

阅读本章，你将会收获更高更优的工作绩效，养成更精更专的工作习惯，获得更多更好的休息时间。

筋疲力尽的大脑无法思考

就像处理器控制着整台电脑的运行一样，我们的大脑也控制着我们整个身体的协调运作，是我们工作、学习、生活最重要的控制中枢。就像是过载的电脑无法正常运行一样，太过疲累的大脑也会迟缓、卡壳，导致运行效率下降，以至于我们无法进行高效有用的思考。

高速路上每年发生的车祸，有很大一部分事故是因为驾驶员疲劳驾驶。而航空的交通管制人员，则保持着工作一天休息一天的模式，因为他们必须保证足够的休息，才能在工作的时候全神贯注，不出问题。而近十年来的空难中，究其原因，也有很大一部分原因是因为机组人员中的某个人疲劳操作。

而在我们生活中也是一样，疲劳虽然没有给我们造成什么致命的危害，但是，也会让我们思维迟缓效率降低，最终错误百出得不偿失。可是仍有很多人愿意“铤而走险”，愿意相信持续不断的辛劳和努力会比劳逸结合获得更多的回报。如果你是一个靠工作量来赚钱的工人，或许短时间内你是可以拿到比别人稍微多一点的钱，可是从长期来看，你挣得却不一定比别人多。为什么这么说呢？因为你长期处于疲惫状态，你的大脑已经没有办法进行思考了，即使天上真的掉下来一个馅饼，你也在低头忙活根本没注意到馅饼掉下来。

疲劳对人造成的短期伤害，这一点大家都很好理解，因为我们经常在生活中遇到，例如疲劳驾驶会出事故。但是长期疲劳对人造成的潜移默化的影响却是大家一直以来都忽略掉的，而长期的疲劳影响才是决定一个人成功与否的重点！这就是为什么总有人说他也很努力但总是等不来自己的"机会"，而有些人却总是能轻易抓住"机会"一路顺风顺水，财富越积越多！

有一个道理是大家必须明确的：用战术上的勤奋来掩饰战略上的错误，是非常愚蠢的行为！

这里有一个老农民吴大爷的例子，正好用来解释长期疲劳的影响力。这也是一个老农民最终逆袭的故事，吴大爷由一个面朝黄土背朝天的农民变成了一个身价过千万的农民企业家，并且在2014年获得了省劳模的称号。

宋村是一个偏远的草莓种植基地示范村。这里的人民勤劳朴实，世世代代以务农为生，前几年响应国家号召，整个村全都种起了草莓，规模化的种植吸引了大量的果商前来，村民的收益也一年比一年好。这里的村民勤劳团结，种植草莓的季节，每天早上5点就起床下地了，拔草、施肥、打药、捂大棚，这一忙就是好几个月。等到草莓丰收的季节，他们就更忙活了，有时候甚至需要彻夜在地里摘草莓，以便第二天果商开着几辆大卡车来，将草莓全都拉走。吴大爷也是其中一员，他种植草莓经验丰富，而且人也勤快，因此他家的草莓总能比别人多卖些钱。

可是，不幸的是吴大爷在两个月前由于劳累患了腰椎间盘突出，再也不能下地摘草莓了。他的儿子也刚刚大学毕业，挣得不多，但多少也能补贴家里一些。

又到了草莓丰收的季节，吴大爷站在田头上看着自己的老婆在田里忙活，心里也挺过意不去的。今年草莓的收成不错，但偏偏这几天又下起了连阴雨，村里的路窄泥多，果商的卡车不好进村，估计又得延误几天了。

草莓本来就是短寿命的水果，摘下来之后放不了几天的，吴大爷心想，反正自己闲着也是闲着，就用自己家的农用三轮装上了草莓运到了国道上给果商交了货。

这下，这些商贩们可高兴坏了！他们的三辆大卡车已经在这里停了一天一夜了，可是这雨丝毫没有停的意思，泥泞的路大卡车根本进不了村，他们也不能空车回去呀！

商贩礼貌地跟吴大爷商量，如果他可以用三轮车将其他家的草莓也运过来，他们愿意每车给他200块的运输费。

200块！天哪！吴大爷惊呆了，没想到自己平时下地开的农用小三轮拉一车草莓居然能值200块！他干劲十足，第一天便赚了足足4000块！这下，吴大爷可乐坏了！商贩也乐坏了！草莓这东西，是个寿命比较短的水果，摘下来之后必须立即运输去卖，不然就会坏掉，商贩们每年因为运输而坏掉的草莓有很多，而且果农们摘下来的草莓也因为未能及时地卖给商贩而损失很多。

这下好了，有了吴大爷这个中间商，大卡车只需要停在国道边上，不用再拐进狭小的地里，村里人集体帮忙装车，动作非常快！那一季，吴大爷足足赚了上万块！对于一个农民来说，兼职赚了上万块那是一个很震撼的数字，吴大爷有了自己的“第一桶金”！

这下，吴大爷的脑子突然变灵活了起来。他想，他们天天早出晚归在地里忙活，到底能挣几个钱嘛！以前他们不觉得卖草莓赚钱，可是没想到这些商贩居然这么有钱！吴大爷准备进城一趟，去看看城里的草莓是怎么卖的。

于是，一个年近五十岁的老汉就这样进城了。他找到一家高档的水果店，发现里面的草莓多半是催熟的，并非自然成熟，口感也不会太好，可是那草莓标的价格，让吴大爷着实吓了一跳！

“你们的草莓咋这么贵啊！”吴大爷吃惊地问店员。

店员看着这个乡下来的乡巴佬，还算客气地说道：“我们这草莓可是无公害有机草莓！当然贵了！”

“啥子叫有机呀？啥子叫无公害？”吴大爷追问。

“就是，我们种草莓的肥料全是动物肥，不掺杂任何化学肥料，也没有农药！”

这下，吴大爷懵了。怎么不用农药的草莓反而受欢迎呢？在他们这些老农民的眼里，化肥是一种很高级的肥料，即使自己家的牲畜产出了很多有机肥，他们也只是适当地用一用，还是要用买来的肥料的，这样的草莓商贩们才喜欢，这样才卖得出好价钱！

可是，想不到，顾客们想要的居然是自然肥料的草莓！

吴大爷充满震惊地回家了。经过了好几天的思考，他决定，自己家以后不再那么苦兮兮地撒化肥了，全部都采用有机肥，并且直接销售到城里去！

他的大胆尝试，让他第一年的收益翻了整整三倍！由于在城里开了一个小商铺，他的眼界和见识也打开了，随后和儿子一起在家乡的村子里开发了以草莓为主题的农家乐，生意也是蒸蒸日上。

这位老农民后来接受采访时别人问他，为什么这么大年纪却能勇于创新，聪明地抓住机遇来赚钱。

这位老大爷憨厚地一笑：“什么创新，我不是很懂，这也不是说我这么老才能想出这个办法，或许我年轻的时候会做得比现在还好。只是那时候，我整天都在地里忙活，想着早点下地早点摘好草莓就能多卖点钱，晚上回家就困得不行，倒头就能睡着，谁能想到居然还有别的方法赚钱哩！”

大爷粗糙的话语里，却包含着很多人都参悟不透的真理：由于繁忙和疲累，你的人生已经错过太多太多的机会了，你终日的疲累让你的大脑一直得不到充足的休息，以至于你无法思考，在关键的时候无法做出正确的决断！

然而，生活中的我们有多少人还像是五十岁前的吴大爷一样，面朝黄土背朝天，不知疲倦地耕耘着，根本无暇去思考这一切是否值当。虽然我们需要为了生计疲于奔命，可是我们也应该适时让自己的大脑休息一下，观察一下外面的世界。

所以，在你困了的时候，就去睡一觉吧！只有你有了充足的精力，你才能有一个更清晰强健的大脑，更好地走你接下来的人生路！

要想增长财富，摆脱穷困，请记住：拒绝穷忙，疲惫的大脑无法思考！

别把80%的时间浪费在20%的收益上，还不自知

每次当新朋友得知我在互联网行业的时候，他们的眼里就会有些异样的光芒。当他们得知我从事的是互联网中的手游行业时，他们的眼里就开始倒映出一沓人民币的倒影来，仿佛每一个做游戏的人都是一捆移动着的人民币。诚然，游戏公司的高收入已经不是什么秘密了，但是不懂行情的人还是会问一句：“为什么你们游戏行业工资那么高？”

我一般会回答：“因为我们工作压力大，强度高，整天没命地加班啊。”

偶尔也会遇到一些人不服气地反驳：“我们也加班多，压力大，凭什么就工资低呢？”

对于这些问题我只能笑笑，礼貌地说一句：“我的加班和你的加班，不太一样。”

想必生活中很多人都有这种疑问：我每天也起早贪黑地工作，不比那些有钱人努力得少，可是为什么我还这么穷？难道真的是我时运不济吗？然而，在除去个人教育背景和家庭环境因素后，大家都把目光放在了拼努力的时长上，但是还有一个比时长更关键的因素被大部分人忽略了，那就是时效。

我这里讲的时效并非指的是单位时间的工作效率，而指的是你单位时间

所创造出的价值多少。

半年前我曾受一家公司的董事长邀请，前往该公司交流。这家公司的财务总监向我倾诉了她的烦恼。她是一个四十岁左右的中年女人，由于缺乏保养，面容显得有些憔悴。她说自己的工作量实在是太大了，每天都需要加班到晚上9点以后，而且跟总经理提了加人手，总经理也不批。可是尽管自己这么努力，董事长和总经理并不理解她，对她的工作似乎也并不是特别满意，公司有些升职加薪的机会也都没有考虑过她。

她的问题很明显：第一，太忙了；第二，自己的工作没有得到上司的认可。

我列了一张表格给她，让她回忆一下昨天自己的工作内容并如实填写，然后再看看能否帮到她。下图是这位财务总监的反馈表格：

序号	频率	主要工作内容	用时	占日均实际工作量比例
1	日	整理报表10张	7个半小时	70%
2	日	检查下属制作的报表	3个小时	20%
3	日	午饭半个小时	30分钟	0
4	日	下属谈话	40分钟	10%

这个表格初看上去并没有什么问题，这个总监确实尽心尽力，从早上9点上班开始，她除了喝水上厕所就是在工作了。单是表格的前两项所加起来的工作时长，就已经超过了8小时的正常工作时间，所以她每天都必须加班到很晚。

对于这个看上去并没有什么问题的表格我决定再深究一下。

我跑去问董事长，财务出的报表他们一般要看哪些内容，董事长告诉我，其中只有两个报表是他要看的。我又去问这位财务总监其他8张报表的用途，这位财务总监告诉我，她也不知道这8张报表有什么用处，自从她接手这个职位的时候好像就是这样的，她也就一直这么做了下来。

看看，多么可怕的一件事情，这位财务总监居然每天要在这8张根本不知道做给谁看，也不知道什么用处的报表上花费近6个小时！而且她接手总监的位子已经将近一年了，这一年以来，她浪费了多少时间在这件根本无效的事情上面！而这件事对公司和她个人都产生不了价值，因此，她每天花费的这6小时时效就为0。

然后我又针对表格的第二项进行了询问。她告诉我，她的两个下属一个非常仔细认真，一个又特别马虎粗心，因此每天她都会复查一下他们的工作以免出错。

我承认她是一个有能力且认真负责的上司，但是在这件事上她做得确实不够聪明，甚至是愚蠢，如若我是董事长，我也不会给予她丝毫的同情。

首先，身为一个总监，检查员工是否出错这种小事不应该列进她的工作范畴，更不应该在她日常工作中占用3个小时之多。她这样做，不仅会让马虎的员工觉得这样没什么，更会让仔细的员工认为反正总监会检查，自己不这么认真也没有关系。再者，一个部门作为一个整体，是否可以让仔细的员工去指导马虎的员工呢？是否可以换人？是否可以设定合理的奖惩制度？难道解决这个问题的唯一办法就是总监亲自上阵去检查吗？

她每天都花费大量的时间在根本无效和根本不必自己做的事情上，为这些事情忙得焦头烂额，哪还有时间和心思去思考一个总监该考虑的问题？哪还有心力去为公司的长足发展出谋划策，为公司的盈利精打细算呢？她作为一个企业的高管，在公司的发展上提不出来建设性的意见，总经理和董事长怎么会重视她呢？

然而，在她没有填这张表格之前，她从来都没有注意到自己一天的时间分配竟然是这样的！或许，在她过去一年的工作中，她有机会发现这些问题。可是，繁忙迷失了她的眼睛，疲惫的大脑已经让她无法思考了。

有太多太多的人都存在这样的问题，可怕的是还不自知。去淘宝上买双袜子，但却为买哪个花色挑选了近3个小时，可袜子穿在鞋里根本没人能看得见；想学英语，却为了纠结哪本单词书好在书店里晃了一天，最后还是买了最开始看上的那本；周末想去图书馆看书，但起床洗漱加上等公交整整浪费了一个上午，其实你家到图书馆打车也就十五分钟……这样的例子太多太多了。似乎你也在忙，也在为了目标而努力着，可是有些人的存款很快由四位数变成了六位数，而你的梦想还是遥遥无期。这时候，你就应该静下心来想一想，你的时间是否都产生了它该有的效能？

乔布斯永远都穿同样的衣服，因为他不想在搭配衣服上花费自己的精力和时间；畅销书作家全年宅在家里但还是请了保姆做家务，因为她不想将时间和灵感消磨在对自己不产生效益的事情上。

游戏行业的加班也是异曲同工，项目组立项后所有人就只剩下一个目标。程序员们全是大裤衩配拖鞋，吃住全是公司，省去了逛街应酬收拾打扮上下班等等所有的不必要的时间浪费，进而才能高效地做出一款产品，才能赚钱。

那么你呢？你每天所花费的时间中，有多少是真正产生效能的呢？不妨也做张表格看看吧！

不做围着磨石转的驴，要做奔向远方的马

你是否也有过这样的困惑，你每天都在忙着，可是却不知道自己到底在忙些什么，几年下来，除了岁数长了，财富和见识一样都没长？你也很辛苦，你也很努力，你不知道自己的问题到底出在哪里？

有一则非常有趣的寓言故事。

唐三藏在准备西天取经之前，问一个员外朋友借坐骑。员外家的后院里有一匹马和一头驴。老员外问马和驴：“你们谁愿意和唐僧一起去西天取经呀？”

驴说：“西天？天哪，我可不去！那么远的路程我可走不到，恐怕还没被老虎吃掉，自己就先累死了！”

马略一思忖，说道：“那我去吧！”

随后，马便跟着唐僧去了西天取经，而驴则继续留在主人家里拉磨，有吃有喝。

十年之后，唐僧取经归来，功德圆满。而那匹马，也在畜生界成了大明星！

驴怀着崇敬的心情去见马：“马，你真是太厉害了！我真是崇拜你！西天那么远的路程你都坚持走到了，你是怎么做到的呀？”

马笑了笑，说道："这并不难呀！其实你也做到了。"

"我也做到了？我怎么可能做到？"驴不解。

"其实，这几年里，你和我走的路程是差不多的，因为咱俩的身材差不多，步速也相当。不过我是朝着西方一路前行，你是围着磨石在转圈圈罢了。"

驴惊愕，再无言语。

在生活中我们是否也常常过于重视眼前的苟且，而忽略了远方的风雨兼程？由于我们没有目标，没有方向，只一味地遵照习惯围着一个磨盘在转，因此，无论我们走了多少路，绕了多少圈，我们都还是在原地打转转，眼界也不过是头顶上四四方方的天空。

然而，你如果安于现状，只想做一头吃饱喝足的驴子，那么你自然有选择围着磨盘转的权力，但是，如果你想成为有钱人，你想要你的人生不虚度，那么你就要做一匹马，为自己设立目标，并且朝着目标一步一步去努力！

可是生活中有很多人，他们都怀着成为一匹奔向远方的马的决心，但是却在做着一头围着磨盘转的驴子的蠢事。

小A和小C都是五年前大学毕业，都顺利成为某大型互联网公司的一名程序员。那时候互联网行业还是炙手可热的领域，他们意气风发，立志要在五年内实现自己的理想做出一款好玩的游戏，并且存款过百万！

然而，互联网行业一直是瞬息万变，朝令夕改。两个人工作了两年后都已经成为项目技术的中坚力量，但是，由于某些原因公司决定裁掉他们的游戏，项目组的人要么去别的部门，要么自己选择离开。

见惯了互联网行业的波动与风险，小A犹豫了，他感到了严重的不安和忐忑，如果自己从目前这个大公司离开，去别的小公司会更不稳定。于是他决定留下来，加入别的项目中去做技术支持，暂且保住了饭碗。

而小C却不这样想，他知道留下来加入别的项目，意味着一切都要从头开始，他时刻记得自己的目标是什么，他不想再在这里浪费下一个两年。于是，他选择了离开。

在之后的两年里，小A在公司里勤勤恳恳地做技术。学学安卓，学学IOS，空闲时候再搞搞引擎，搞搞平台，公司现阶段需要什么技术他就学习什么技术，就像是革命的一块砖，哪里需要哪里搬。新项目也不是很忙，他有很多空闲的时间，空闲的时候他也参加了公司组织的各种培训和一些俱乐部，和同事经常一起去钓鱼打球。就这样，他在公司里不温不火地待着，第四年的时候，他由中级程序员升为了高级程序员，就这样一直不温不火地待着，似乎也没有什么不好。

而小C就完全不同了。他一直记得自己的目标是做出一款好玩的游戏来！在离开公司后，他进入了一个很有潜力的小开发团队，小团队资源不足，工资也不高，但是愿意听取所有人的意见，整合大家所有人的想法和资源来做游戏。小C为项目提供了很多很棒的点子，很快，他就成为了小团队的核心骨干。为了将游戏做好，他自己研究安卓技术，研究IOS开发，甚至人手不够的时候自己也要研究引擎和平台。很快，他们的游戏上线了，每个人都见到了钱，虽然不多，但是让小C看见了梦想给予他的回报。

随后，小C渐渐在业余时间里，将自己脑子里的想法倒腾成一款小游戏，自己搞搞也还上线了。虽然这个小游戏一分钱都没给他赚到，可是让他学到了很多东西，例如如何运营产品，如何站在全局的角度去设计一个产品。

随后，他站在这个平台上，和很多厉害的游戏策划师交流探讨，从他们身上他也学到了很多游戏设计方面的知识，再加上自己先天有的技术积累，他很快能把心中所想的小点子变成一个好玩的游戏。

有一天，小C在跟同事聊天的时候，几个人突然想到了一个很好的点子。于是他们一起实施，将它成型，还拉到了一笔两千万的投资，小C成了自己公司的老板之一。

因为自己开公司，他需要整天辗转于各个投资人之间，因此他必须去学很多经济学的知识，来让自己更加充实和有得聊。随着自己的公司日渐步入正轨，他们也赚了些钱，小C和投资他们公司的几个投资人也成了好朋友。有了资本之后，他经常也会投资一些小型的项目，几年来也是赚得盆满钵满。整个人也早已经脱胎换骨，谈笑风生间再也不是当年那懵懂青年了。

五年之后，再回过头来问小A和小C他们当初的那个梦想，小A会说：“那时候还太年轻，完全看不透这世界的动荡和不安，才会错误地觉得自己有多么的牛，而现在看来，有固定的工作、固定的收益，安安稳稳过日子，也并不是什么坏事情。”

而他现有的存款和百万之间还是有一定的差距的。他现在年薪十七万，贷款买了房子，手上也剩不了多少钱了。

再问问小C当年的那个梦想，小C脸上洋溢出了青年时代的意气风发：“互联网真的是一个很神奇的行业，它尊重每一个有想法、敢拼搏的人，它不管你的年龄、不管你的出身，只要你肯努力，它就会给你回报，我很幸运自己能在这个时候进入到这个行业里，这样我才能有今天这样的成就。”

而小C现有的存款，早已经不是百万数量级的了，他最先制作的那款游戏，每年便能给他带来好几百万的收入。

两个同是互联网行业的人，同样有追求、有梦想，两个人的技术也没有什么太大的差别，为什么五年之后，境遇就能差这么多呢？

小C是那匹心怀远方的马，在他遇到困难和危险的时候，他清楚地知道自己要什么，知道自己该所向披靡地执着前行！而小A他曾经也是一匹心怀梦想的马，可是，在困难来临之时，他选择了抱紧自己身边的磨盘，于是，他一天天地围着自己的磨盘在转，甚至开始担心没有了磨盘他是否还有口粮吃。到最后，他心里那团梦想的火焰就越来越弱，越来越弱，以至于悄无声息，最后泯灭在漫长的岁月里。

其实，这个世界不会亏待每一个努力的人，不管你在哪个行业！

如果你心怀梦想，那么就该勇敢地抬起头来，朝着自己的梦想前进！人的精力是有限的，你不可能同时完成多项任务，就像你不能既围着磨盘拉磨，又能到达心里所向往的远方，你必须舍弃一个，为自己节省下更多的时间去做对自己更有意义的事情！

不要再闷着头穷忙了，你本应是一匹胸怀大志的马，你该有你自己执着追求的远方！

忙到没思路的时候，何不睡一觉呢？

小米在一家世界五百强企业做市场部策划工作。她为了提高自己的工作效率也做过每日时间统计分析，她只统计了一天便发现了一个问题。

她在写企划案子的时候有时候会没有思路，坐在电脑前面脑子就是不转，甚至一个下午都过去了，她还没有任何头绪。这种情况非常影响她的工作效率，而且越是忙的时候，没思路这种事情就越容易发生。她时常在想，要是有个什么东西能植入她的大脑中，让她每次写企划案的时候都思路清晰、条理分明，那么她的工作时间就会大大缩短，工作也将变得简单有趣很多！

没思路这种事情并不罕见，我们每个人在生活中都或多或少碰到过这种情况。小时候写数学题物理题的时候就是找不到思路；大学时要筹备一个表演节目就是没有思路；工作后第二天要给老板汇报工作，可就是没有思路想不到怎么汇报；工作上遇到了问题瓶颈，加班了好多天可就是想不出好的办法……

而在我们越是繁忙的时候，没思路的情况则更容易出现，而此时没有思路也更加可恨可气，马上就到了deadline了，而你还没有任何头绪。

那么，在忙到没思路的时候，你会怎么办呢？

我们先来看几个有趣的现象。

两千多年前，在古希腊西西里岛的叙拉古国，出现了一位伟大的物理学家，他的名字叫作阿基米德。那句名言“给我一个支点，我就能翘起整个地球”就是他说的。

阿基米德一生奉献科学，成就无数，最著名的就是他的阿基米德定律，即浮力定律。阿基米德为了研究浮力的关系，曾耗费了大量的时间，但是一直没有头绪。但是碰巧，有一天在他决定先去洗个热水澡睡一觉的时候，从浴桶中漫出来的水给了他莫大的启发，他抓住了这个灵感，从而窥探到了浮力的奥秘，后人称之为阿基米德定律。阿基米德定律作为力学的基本定律，现在在我们生活的各个方面仍被广泛应用。

19世纪中叶，随着石油工业、炼焦工业的迅速发展，有机化学的研究也随之蓬勃发展。我们知道，苯是一种非常重要的有机化学原料。而当时的科学家们面临着一个难题，那就是如何理解苯的结构。这一个问题十几年来悬而未决，其中德国著名化学家凯库勒也在研究这令人百思不得其解的难题。多年来，凯库勒提出了很多种可能存在的结构，可是这些结构都经不起推敲，最终都被他自己推翻了。

但是，凯库勒一直没有放弃，他经常每天只睡三四个小时，一干起来就不停手，在黑板上、地板上、笔记本上、墙壁上都画着各种各样的化学结构式，可是最终都没有结果。

后来，在凯库勒的著作中他说道，有一天晚上他在睡觉，梦到了几条奇怪的蛇，这几条蛇蛇头咬着另一条蛇的尾巴，连成了一个环状。受到了梦中蛇的启发，凯库勒豁然开朗，最终发现了苯的环状分子式结构！经过了进一步的论证，凯库勒第一个提出了苯环的结构式，解决了有机化学史上长期悬而未决的一个难题！

如果说，这两位科学家的事迹都是巧合，那么我们再来看几个故事。

德国地质学家魏格纳，长期以来从事天文学和地质学的研究，由于长期的繁忙疲累导致他不幸生病了。躺在医院病床上的时候，他无聊地盯着墙上的世界地图看，却惊奇地发现几大洲的边境线似乎完全可以重合起来，这就是“大陆漂移说”的发现过程。

三维坐标系和二维坐标系想必大家在小学时就都接触过，坐标系的概念是法国数学家笛卡尔率先提出的。这位数学家长期以来研究几何图形与代数方程的关系，但都没什么太大的发现。凑巧的是，有一天，他和魏格纳一样也生病了。躺在病床上的他看见一只蜘蛛在墙角结网，蜘蛛的“表演”使他豁然开朗，如果将蜘蛛看成一个点，那么它在房间内的上下左右移动，可不可以用一组数字表示出来呢？受到蜘蛛的启发，笛卡尔最终创建了直角坐标系。

科学是一件严谨求实的事情，可是科学界这么多重大的发明居然都跟“洗澡”“做梦”“生病”“躺在床上”等字眼有关！苯环如此复杂的结构式，居然是在梦中被发现的，而科学家因为做梦而受到启发的例子更是不胜枚举，仔细琢磨一下，你觉不觉得梦真的是一个很神奇的东西？

心理学家们常常会将这种现象定义为日有所思夜有所梦，然而，他们的所梦才成就了他们终日的所思不是吗？

虽然，我们现在还没有什么科学的方法能解释梦境，但是我们依然可以从这些事情上找到些许共性。这几位科学家的事例都有一个特点，那就是他们花费了很长时间都难以解决的棘手的问题，都是在休息的时候突然灵光一现！

所以，在你忙到没思路的时候，你何不去睡一觉呢？

并不是说你去睡一觉，就能像凯库勒梦到蛇一样梦到你自己所遇到的问题的解决方案。但是，睡一觉最起码能让你已经疲乏不堪的大脑得到缓解，让已经处于迟钝状态的神经重新兴奋起来，让已经到达崩溃边缘的低迷的心绪重新阳光鲜活起来。说不准你还会做一个好梦，梦到一个怪点子呢？梦这种东西谁说得清楚呢？

睡一觉醒来后的你，已经是一个重新注入了能量的你，这时候你无论做什么事情都会更有效率。而且，即使是你醒来之后还是没有思路，但你干耗着不也是一样没有思路吗？睡觉最起码还能起到养精蓄锐的作用呢。

所以，忙到没思路的时候，不如就去睡一觉吧！一觉醒来，或许会发生奇迹，你要做全新的你自己！

说出来，或许是解决问题的最快方法

当我们遇到不明白的问题、解决不了的时候，我们总是习惯于花更多的时间做更多的努力来让自己解决它，似乎逃避和放手都是弱者才有的表现。可是，我们在努力解决问题的过程中，可有思考过，还有没有什么更省时有效的办法？

Wendy今年被调到了销售部工作，和她一组的还有一个老员工，叫作Eason。一天，总监刚到公司便跟他们两个人说，他需要一份产品投标书和一份分析报告，三天后他要去投标AC公司。这次和他们竞争的还有另外两家公司，他希望看到这两家公司的竞争分析报告，希望寻求一些突破点，可以打败对手。

“三天……”Eason倒吸了一口冷气，在总监走后便开始抱怨，“看来，我们这两天都要加班了！”

抱怨归抱怨，可是两个人都非常有干劲，他们早已经有所耳闻，总监在半年后将被调去总部，升职的机会自然是有能力的人才能得到。然而AC公司是家大公司，谁能拿下这个公司的单子，升职的机会当然也就十拿九稳了。

两个人开始了疯狂加班模式，然而刚忙了一天，Wendy便没有头绪了。

她知道分析报告需要写明客户的需求分析、运营状况、负责这次投标的人员以及这些人员的喜好和所看重的产品的点，对于这些Wendy一无所知。更有甚者，她从前从来没有跟其他两家竞争公司打过交道，对手喜欢用的策略，对手的方案和习惯她更是一无所知。第一次和AC公司合作的Eason对这些也不甚明了，可是他显然已经卯足了劲儿在查资料，力求做出一份完整且清晰的报告出来。

做出一份完整的报告，时间已经不允许了。在经过一晚上的思考过后，Wendy决定去向总监求助，因为总监是唯一一个和这两家竞争公司打过交道的人，他们的习性他应该最清楚。而且，总监只是说要一份报告，这个报告涵盖的内容实在是太多了，她不知道总监想看哪些，不想看哪些。

第二天，她忐忑地敲开了总监办公室的门，并且诚恳地跟总监简述了自己在这些事情上没有什么经验，并且询问总监他到底想要一份怎么样的报告，这件事情她现在搞不定，她不知道该如何做。她已经做好了准备，接受总监投过来的鄙视的白眼和“你怎么这么没用，这些事情还要来问我吗？”的话语。

然而，出乎意料，总监却没有这么做。

他告诉Wendy，其他两家竞争公司一直以来都是保守派的作风，习惯打产品和服务牌，但是他们这几家公司所能提供的产品和服务的质量基本都是等同的，所以在这一点上很难找到突破。对于AC公司这次负责投标的人，总监有些了解，他知道AC公司在这些事情上向来犯有大公司病，希望自己在行业内是独一无二的，所以更喜欢大品牌和高质量。而他们的负责人一直倾向于稳妥的作风，喜欢高调和攀比，不喜欢什么创新创意。

而总监想要的报告，是一份能反映产品品质的报告，他希望他们二人能找出打动客户的点。而不是一份面面俱到地介绍他们的产品和服务的性能报告，因为这次投标，三家公司所能提供的产品和服务无论从质量上还是从价格上都不分伯仲。

走出总监的办公室，Wendy终于有了明确的目标，她也知道自己该干些什么了。她不再将大量的时间花费在产品性能分析上，而是找了一个之前用过的性能分析报告花了半个小时修改润色了一下即可。随后，她联系了其他部门和同事，要来了近几年来和他们公司合作过的世界五百强的企业的名单，从里面挑选出了实力比AC公司强很多的，且与AC公司不是同一个行业的公司的名单，尤其是挑选了那些和AC公司有合作关系或者AC公司比较仰慕、欣赏的公司的名单。

然后，她发了一封邮件给她挑选出来的这些公司的人事，希望他们能对自己公司的服务做出一个评价。到了晚上，她就已经收到了七八封邮件的好评回复。

随后，她做了这样一份附加文档。文档内详细介绍了这几年内和他们公司合作过的大客户的情况以及这些公司对他们公司服务的评价，并且配上了几张相关邮件的截图。

Wendy花费了两个小时将文档排版整理好，第二天晚上便发给了总监。而Eason在第三天的半夜，将整理好的多达80页的文档邮件给了总监。

当然，总监采用了Wendy的方案。第四天的投标，当AC公司的负责人翻开他们公司的报表的时候不禁眼前一亮："MDS公司也是采用你们公司的服务吗？"

"是的。"Wendy礼貌地回答，"这份材料后面附有他们对我们服务的评价，这些年来我们和MDS一直都保持着非常好的合作关系，他们对我们的服务非常满意。"

AC公司的负责人翻到最后，果然看见了MDS公司对于他们公司的评价邮件截图。

"MDS公司一直是我非常认可的一家公司，他们的老板我非常尊敬。既然他们都认可你们，相信你们的服务一定不会差，我们也愿意与你们合作。"

于是，Wendy很轻松地拿下了这个客户。

而她使用的方法也得益于总监告诉她的那一句：AC公司的负责人喜欢

稳妥，喜欢攀比，如果比他优秀的公司在使用我们的产品，那么他们也会优先选择我们。

所以，在我们接到任务的时候，如果不清楚，完全没有必要闷着头去做，而是应该先去问一问别人到底期望你给出一个什么样的结果。十全十美、面面俱到的方案自然是用心的，可是别人最想看的东西才是最有价值的。

当你迷茫、困惑，不知道该怎么办的时候，就去找遇到过这个问题的人去请教，哪怕这个人是你的上司。

而在职场中，我们需要纠正一个观点，你的上司不仅是评价你工作、决定你命运、衡量你工作绩效的人，他更是一个比你经验丰富、比你有智慧、比你见过更多市面的长者，是在你职场中最能给予你帮助的人。

所以，当你不懂不会的时候，自然可以大大方方地去问。那些所谓的面子问题只会白白地耗费掉你很多时间和精力，只要你张口去问了，你就省去了很多猜测和狐疑的时间，别人的指导能让你快速找准方向，这样，你又省下了很多试错的时间。

总说不在状态，什么是你期望的“状态”？

我的表妹是一个很漂亮的学生妹，她告诉我，临近考试周，她背着一书包的书去图书馆自习，但是总是进入不了状态，学习的效率一点都不高，问我该怎么办。

我说，这周末我和你去你大学的图书馆自习好不好？

表妹欣然同意。

周六，我凭借从表妹那里借来的校园一卡通和一张娃娃脸，成功地混入了大学的图书馆。坐下来之后，表妹开始打开自己的书包，将里面量子力学、高等数学、随机原理、经济学理论、大学英语还有几本小说一股脑全部翻出来，在桌子上码好。

然后，她拍了一张我的侧脸，愉快地发了一条朋友圈：“今天，我美丽的表姐来陪我自习啦！开心 ~ ~”

我从书架上随手拿了一本小说坐在她旁边看，没有干涉她的任何行为。

她发完朋友圈，开始打开大学物理的课本翻看起来，可是还没看几页，她便转过头去看了看自己的手机。这一看，不得了，她的朋友圈上赫然多了一个“25”的小红圈。我不禁惊异，长得漂亮的妹子就是受欢迎呀，随便一条状态就有25个回复！她立刻欣喜地点进去看，有很多赞，还有一些文字评论。

有问：“你还有个表姐？”表妹回道：“是的！”

有问：“你妈派来监督你学习的？”表妹回：“才不是！我表姐超级好！”

有问：“你表姐很漂亮啊！”表妹回：“那必须呀~~”

我坐在旁边偷窥着她的举动，一边心里美滋滋的，一边暗自思忖：小样，我看你什么时候开始学习。

经过了漫长的社交回复，表妹终于再次投入到自己的物理学习当中，可是看了一会儿她就有些地方不明白了，一个数学公式她看不懂。她拿来问我，我也早就忘光了，她便拎起自己面前的高数书去查那个公式的定义。这一下子不得了，一查就查了一个多小时，各种引申扩展她都看了个遍。弄懂了那个公式之后，她想着，顺便把高数的作业做了吧，于是拿起数学本要做作业。此时，她再次拿起手机看了起来，想要在做作业之前有个缓冲。

等她数学作业还没写到一半的时候，午饭时间到，我们俩去吃午饭了。午饭我请表妹去了一家比较高档的餐厅，菜上来之后她一顿狂拍，于是，她下午又有了朋友圈可以展示的内容了。

下午回到图书馆，表妹信心高涨，今天一定要把自己制定的学习计划全部完成！但是一上午她就写了一半的数学作业，其他科目还没开始，她决定换个顺序，先从英语开始！

午饭后人有点犯困，她一边看着英语，一边打着哈欠，一边回复着朋友圈，单词就没记住几个。表妹抱怨道：“下午真是不适合学英语，早知道早上就先背单词了！”

她有些疲惫，看着我在看小说，于是也翻出自己的两本小说：“我也看会儿小说调节一下吧。”

我笑了笑表示赞同。

不过，表妹也很知道节制，看了一会儿小说便再次投入到功课当中。由于下周最先考的是选修课经济学概论，她决定先把选修课给复习了。

于是乎，在她还没看几页书的时候，已经到了下午5点。我看了看自己的手表，问她："你今天有什么收获啊？"

妹妹看着我，没有丝毫的不好意思，也没有任何的心虚，理直气壮地回答道："我学习了一整天啊！"

"学到的东西多吗？"我接着问。

她思考了一下，尴尬地笑了笑："今天状态一般般，没有很高效，作业都没写完。"

"你说的状态是个什么东西？什么状态是你觉得好的状态呢？"我追问道。

"姐姐，你是在逗我吗？"表妹一本正经地反问道，"状态就是状态啊，你不也经常说自己状态不好吗？"

"噢，那你知道怎么让自己的状态好起来吗？"

"啊？状态这种东西还能好起来？这根本不受我控制！状态不好就是状态不好，姐姐你懂的！何必为难我？"

是的，我懂的。这句话想必所有成年人都听得明白，状态不好，今天不在状态，这些话语也是我们常常挂在嘴边的口头禅。可是状态到底是一个什么东西？可有谁深究过？为什么我们效率不高的时候就喜欢去怪罪状态不好？我们又能做些什么让自己的状态好起来呢？

我摘下自己的手表送给她："喏，这个送给你了，算是你今天认真学习的奖励！明天姐姐来带你找状态！"

表妹欣喜若狂，甚至都没听进去我要"带她找状态"的下半句，那块表又成了她发朋友圈的素材。

第二天，我跟她到了图书馆，她再次搬出自己各科书目，往桌子上整齐一摆！我将她面前除了高数书、作业本和几张草稿纸之外的其他的东西全部搬走了，放在了我座位旁边。她硕大的桌面上顿时显得有些空荡荡的。

"先写高数，写完了再问我要别的科目。顺便把你手机借我用一下，我有点事情要处理。”

表妹豪爽地将她的手机给了我，我坐到了稍微远一点的座位上玩起了手机。

由于桌子上收拾得很干净，她趴在桌子上的姿势看起来舒服了许多，由于面前除了高数书什么东西都没有了，她便只能乖乖地写高数作业。过了一个半小时，表妹悄悄地走到了我旁边，小声说：“姐，高数作业我做完了。”

“预习了吗？之前的功课复习了吗？”

“预习了也复习了，我都看完了。”表妹开心地说道。能看得出来，完成了高数作业这件事，让她有点小小的成就感。

“下面是物理。”我走过去将她的物理课本拿给她。

“可是我想先背单词，昨天的经验，下午背单词会困。”

“就写物理，听我的可以吗？我今天是来给你找状态的。”

“好吧！”她没有再反驳，拿起物理书开始复习了起来。这下，她比刚才看高数的时候认真了很多，喝水的次数也明显少了很多，能看得出来，刚才高数的学习已经让她的思维活跃了起来，能更快地投入到学习当中去了。这或许就是表妹所谓的“状态”来了。

在她写完预定的物理作业和一张试卷之后，我带她去吃了一顿比昨天还丰盛的午饭！下午回到图书馆，我给了她英语书，并且规定了比昨天量还大的单词。很幸运，这次她的状态没有不好，一个小时就背诵完了。她来找我的时候，眼睛里都泛着光，兴奋地问我：“姐姐，接下来学习哪个呀？”

“接下来随便你，爱学哪个学哪个，自己去挑一个吧！”

表妹愉快地去拿了经济学辅修课的书，开始看了起来，对于学习她已经完全停不下来了。

这一天，我们花费了同样的时间在图书馆，她所做完的事情却比前一天要多得多！而且学习的状态也比前一天好很多！

“姐！跟你一起学习，状态就是好！”回家的路上，表妹显得异常快乐。

每个人在完成自己既定的目标后，都会获得一种难以言说的成就感和欢乐！可是我们常常带给自己的却是状态不好的负能量和失落感。

真的是我有什么特异功能可以使一个人快速进入状态吗？并不是。我只是在她学习的过程中做了一些小改动：借走了她的手机，将她的桌面全部清理掉，每个阶段给她一个小的目标，让她一个一个地完成。这样她就自然而然地进入学习的状态里面去了。

然而这些事情表妹之前都没有注意过。旁观者清，反思一下我们自己是否常常也和我的表妹一样，可以理直气壮地说出“我已经学习一天了！”“我已经连续加了好几天的班了！”“我学了三年的英语了！”这样用时间来衡量自己工作或者学习的话？

但是在问及成果的时候，却把责任全部推脱给“状态”不好？

状态这个词语，并不是一个虚无缥缈的词语，也并非不可控制。但是不可否认，能控制得住自己状态的人往往比其他人更加容易获得成功，也更加容易获得财富。

每个人所处的岗位和领域不同，让自己进入状态的方法也就各不相同。下文将介绍几个通用的方法，希望能对大家有所帮助。

试试这几种小办法，让你快速进入状态

当有状态的时候，你的效率会翻倍，当没有状态的时候，你的效率可能糟糕得一塌糊涂。那么，我们有没有什么具象的方法能让我们抓住稍纵即逝、不可控制的“状态”呢?

你要有清晰明确的目标，知道自己接下来该干什么。

有一项调查显示，人们大多数的时间浪费、工作效率不高，是因为不知道自己该干些什么，没有一个清晰合理的规划和目标。

就像我的表妹，她只知道自己要复习功课，但是具体这一天要复习些什么，复习的顺序是什么，她都没有一个合理的规划，甚至想都没想过。她将所有的东西一股脑地摆在自己的桌面上，手抓到哪个是哪个，做这件事的时候却又想着下一件事，结果导致什么都做不完。

但是，当你只给她数学作业让她做，做完之后才可以看物理书，很快，她就把数学作业做完了。并且也按照此方法成功地完成了物理和英语的学习。

所以，当你觉得自己工作效率低、不在状态的时候，就给自己列一个小清单，写清楚先做什么然后做什么，然后再按照这个清单一步一步地去完成，这样你就有一个明确的目标，大脑就不会混乱，很快你就能进入状态。

当你完成一个目标的时候，会产生欣喜、开心、满足等等正面的情绪，

这些情绪会使你自己更加兴奋，能更快地投入到下一个任务中去，并且不觉得疲累，越做越开心。在这样循序渐进的正面刺激之下，很快你就会发现，你已经完成了自己的大部分任务！

然而，即使再不济，无论怎么样你就是觉得自己没有状态的话，你也根据自己的清单完成了自己的任务不是？这时候，你就只剩下一身轻松啦！

清理掉一切会扰乱你视听的东西。

人的意识是会被周围的环境所影响的，所以，想要进入状态的第一步，就是先清理好自己身边的环境。

表妹在学习的时候，随手一拍的朋友圈成了影响她专注的阻力。所以，在第二天我假借着借她手机要用的契机，将她的手机拿走了。而患有重度低头症的她被拿走了手机也不见得就要死要活得受不了了。所以，对于很多受手机干扰的朋友们，你不是离不开手机，你只是没有试着离开手机看看。

而清除掉她的手机干扰之后，我还把她其他科目的书本全部拿走了，让她专心致志地将心思全部花费在眼前的科目上。这样是最省心、也最省时间的方法，当你的心思专一了，状态自然就回来了。

所以，如果你在想好做某一件事情的时候，最好给自己找一个安静的环境，并且避开一切可以影响到你当前状态的东西，这样你完成这件事情的时间将大大缩短，成功的概率将非常的高！

坚持二十分钟，就会不一样。

当我们在清理好身边的一切的时候，不能强求自己马上就进入到状态，因为你的思维、你的身心，静下来也需要一个过程。这个时候切忌浮躁，切忌想太多，切忌着急，切忌觉得自己时间不够了……

闷着头一下子扎进去，强制自己坚持二十分钟，二十分钟后你想要的“状态”会慢慢到来，随后的时间里，你只会越来越专注，越来越进入状态，对于当前所做的事情的思维也会越来越兴奋，思路越来越开。

所以，还觉得浮躁的时候，先坚持20分钟看看。

就像表妹，在学习数学的时候，还没有那么快地专注进来，但是到了学习物理的时候，就已经很专注，效率很高了。

所以，给自己20分钟时间，让自己适应环境，进入到你想要的状态。

无论何时，都要保持充足的睡眠，但不必刻意。

都说身体是革命的本钱，如果你一整天瞌睡虫附身，那么就不需要什么小技巧让你进入状态了，你怎么样都进入不了状态了。疲惫会使得大脑的运行效率降低，且无论你使用什么样的小技巧都不能赶走疲惫的困扰。

因此，养成一个良好的作息习惯，对任何行业的人都很重要。充足的睡眠能使你的身体保持良好的运行状态，让你在清醒时高效率地工作。

因此，保持每天的8小时睡眠对你的健康和工作都非常有帮助。每天午睡半小时，你会获得一个高效清醒的下午。但也没有必要强制自己这么做。总有些时候午睡睡不着，然后晚上又突然失眠呢？

在D还是我们的主管的时候，曾经跟我们分享过他高效工作的秘诀，第一条就是保证充足的睡眠，但是不必刻意。

在项目非常繁忙的时候，D绝对不会像其他领导一样拍拍脑袋就喊着加班。他会详细地归纳工作任务，并且拆解开来，鼓励大家运用一切时间来完成每日的目标而不需要晚上加班到很晚。为此，他每天早上早半个小时到公司，省去了喝水、和别人聊天的一切时间，投入到工作中去，晚上9点了，不管工作多忙，他都一定叫停，并且让大家回家睡觉。并且告诉大家：不必担心，越在忙的时候，越要保持充足的睡眠，我们需要一个打得起硬仗的团队！

那段时间，因为白天忙，晚上回去都睡得特别死，第二天更加清醒，战斗力又瞬间爆表，主管指哪打哪，工作非常有效，最后我们在规定的时间内完成了我们的任务，比几个加班熬夜的项目组好很多，并且工作没有错误。

在那之后，我们就记住了一个规则：一定要保证充足的睡眠，尤其是在忙的时候。

后来，有人问过我们主管：“如果我因为某些事情实在是紧张得睡不着，那我该怎么办？”

“很简单，那就不睡了。”主管说道。

下属很惊讶，怎么又变成不睡了呢？不是说充足的睡眠才有好处吗？

“其实，睡眠是让身体维持在一个较好的状态，这是一个长久的习惯，但是，你只是一天的不睡，对你的身体产生不了任何影响，你的身体第二天依旧可以正常工作，只是你自己因为没有睡够而产生的焦虑、紧张，最终影响到了你自己的工作。”

所以，尽量让自己有一个正常且合理的睡眠，不要太过于紧张，也不要太过于在意它。

合理的运动，能锻炼一个人的控制能力。

有时候，不能快速地进入到一个状态，总觉得自己的自制力不够，这时想要提升自己的自制力，有一个很好的方法，那就是运动。

基本上每一个自制力不足的人，我都会建议他去运动，而且在面试一个人的时候，我也经常会问起对方是否有运动的习惯。

我记得很清楚，很早之前我曾经旁听过一个大学面试免试研究生的面试。面试的那个学生，资质和成绩都属于中上游，不属于特别突出，学校录用不录用都没有什么太大所谓。

然而当面试官问道：“最近你都有参加什么活动吗？”

“最近我没有参加什么活动，最近我在减肥。”

“哦，减肥？”面试官打量了一下面前这个不算胖、只能算壮的男生：“怎么减的？”

“每天去操场跑十圈。我每天晚上都会去，已经跑了半年了。”

面试官点了点头，示意他可以出去了。随即便录用了这名学生。

在随后跟面试官交流的过程中，我了解到，这位面试官认为，能坚持运动减肥的人一定会有非常强的自制力，他们能控制自己的行为，控制自己的思想，而能控制自己的人，终将会是一个成功的人！所以，如果你自己自制力差，何不运动试试看？长期坚持下来，你就可以控制自己的自制力了。

留意一下身边看看，是不是所有的高层管理人员，都有一些健身和运动的习惯？他们这么做是为了装高端还是为了减压？

其实都不全是，他们只是为了提升自己的身体状况和意志力。

对于财富管理，你是哪种人？

现如今，“理财”已经成为一个人人都关注的话题。甚至有些人会错误地觉得理财是件非常高级的事情，它可以借助你自己的一点资本让你一夜暴富，从此再也不用辛苦工作。

然而这种理解并不正确。任何人管理自己或多或少的财富那都叫作理财，不管你有没有资本，不管你是何种身份。

根据大家的理财习惯，我们将人归为以下几类，你是哪一种人呢？

第一种人：存钱党

小A是存钱党内根正苗红的一员。他就职于某国企，工作稳定，发展良好，收入不低但是也没有一夜暴富的可能。小A对于自己当前的状态还比较满意，薪水够他吃够他喝，一年还能稍微存点钱孝敬一下父母。在他看来，工作稳定是第一位的。

可是作为一个男生，买房买车的压力他还是有的。于是，小A开始精简自己的花销，房子租郊区的，出行必坐地铁，三餐只吃三条街之外的那家面馆。但是存了一年后，小A发现，自己存得还是太少太慢了，于是他再次清理了一遍自己的花销，将自己的开支降到了最低。

第二种人：月光族

小B是典型的月光族，她会月光到什么地步呢？在发工资之前她就已经计划好了这些工资该怎么花，于是，发工资当天，想买的东西买买买，想吃的东西吃吃吃，只要能活到下个月发工资，天塌下来她都不在乎。

可是，她面临着和小A一样的问题：钱不够用。她每个月的钱都用来买衣服鞋子包包和护肤品了，剩余的花费很少，因此她每天也必须省吃俭用。电脑太卡却没有钱换一个，周末去父母家也只能坐两个小时公交。而且，更加悲剧的是，一向觉得生活得很自由的她，在朋友喊她去旅游的时候，她犯了难，自己一直没有任何存款，哪来的钱去旅游呢？

第三种人：计划派

小C是兼容两者的一类人。他每个月的钱，一部分用来花，一部分用来存钱。但是，每个月的工资就只有那么多，他存得也不多，花得也不少。

相较于小A来说，小C平时的日子过得还算舒坦，相较于小B来说，他也有钱和朋友一起出去玩，遇到什么急事也不会太慌张。

以上三种人的特色都足够鲜明，对于财富，你是哪一种人呢？

当大家看到上面三种人的示例的时候，都会很自然地做出选择，小C的理财方式或许是最合适的。但是不幸的是，75%的人实际上却在使用小A或者小B的理财方式。

而且，现实生活中小A是被夸奖最多的人，小B没钱最起码可以有一个“月光族”的名号顶着，而小C却是被骂得最惨的那一类人。这一类人就是邻里街坊或者亲戚朋友经常嘴里说的：“看他平时也努力上进，也没有大手大脚乱花钱，可是就是没存下几个钱……”

可是，这三类人，到底谁才最悲哀呢？而社会中的有钱人又是属于哪一类型的人呢？

首先，有钱人肯定不会属于小A这一种，因为这种人实在是太抠门了，平日里过得节俭不说，必要的应酬和社交费用也一并省去了，这样会导致他的人脉不广。而且，他存的钱也没有用来学习和深造，因此这会让他与有学习机会的人的差距越来越大。

人脉是你在这个社会上处世的一个很好的帮手，而你的知识层面则决定了你的发展长远性，小A在这两方面都很欠缺。

其次，有钱人肯定也不会是小B这种类型的。这种一人吃饱全家不饿的乐天派是没有什么太大的赚钱的欲望的，他们先天的赚钱动力便不足。而且，小B的钱也是花在了吃喝玩乐上，没钱旅行，没钱去见识更大的世界，她的视野和重心都集中在服饰妆容上，很难让她走得长远。

那么，有钱人是属于小C这一类的吗？现实生活中有很多人像是小C这样，将钱计划着花，可是为什么他们还是穷困潦倒、碌碌无为呢？

原因就在于，将钱计划着花是没错的，但是计划花钱的比例，是应该有所调整的。而且让攒在自己手里的那部分钱滚动起来，才能够生钱。过于教条式的花和过于保守的攒，都不是有“钱”途的做法。

小D算是理财届的成功人士了。最初期，她赚得不比前三位多，可是几年后，就大不一样了。

小D每个月的工资不高，为了节省开支，她和小A一样搬去了较远的郊区去住。她用省下来的这笔钱报了一个辅导班，准备考经济学的在职研究生。在职研究生的考试并不难，小D顺利入学了，于是，每个月她都有一笔开支是用来和导师、同学们吃饭社交的。

在职研究生的班上她认识了几个朋友，偶尔会相约一起去爬山徒步，其中有一个朋友是在投行工作。和小D熟了之后偶尔会给她介绍一些投资理财产品，小D二话没说，将自己攒的所有钱全部买了这个理财产品。随后的几个月，她只有省吃俭用，过着比小A还惨的生活。

但是半年之后，这个理财产品确实给小D带来了不小的收益。小D在高兴之余，又花钱请这位同学吃了个饭，并且买了个小礼物表达自己的谢意。那位同学对于小D的感谢非常开心，觉得小D这个人懂得感恩，讲义气，以后买股票什么的也会带带小D。一年内，小D靠着这位朋友的消息，获得的收益高达两万元。虽然，两万元对于很多人来说不是什么大钱，但是两万元是小D一年的房租！

随后，小D学习了经济学的知识，也在那位同学的带领下入了投资的门，工作几年后，她也有了一笔小财产，炒炒股，理理财，她坐在家里就能把全年的生活费和房租搞定了！

就像好钢要用到刀刃上一样，钱也应该花到该花的地方！从小D的事例看来，首先她不能省去自己学习的费用，这些知识是她在日后管理自己财富的工具。其次，她不能省去社交的费用，要不然她就不会遇到那个同学，她的人生也不会有太大的变化。然而，她也得给自己留出一部分钱生活用，而且作为一个女孩子，容貌和衣着也是很重要的。

有些钱省得，有些钱省不得，分清楚这些，你的日子就会越过越舒坦。

对于哪些钱是该花的，哪些钱是不该花的，我在这里给出一个基础的判断标准，大家可以参考执行。

不需要花的钱	需要花钱的地方
1. 因为想要随大流或者科技潮流而买的东西。例如你已经有了iPhone 6却还想要换6s。 2. 自身拥有，却还没有用到使用年限就想要换的东西。例如：家具或者汽车。 3. 因为一时心动而购买。 4. 为了“省钱”而花费的没有必要的钱。例如团购等。 ……	1. 硬性消费。 2. 安全的饮食和饮水。 3. 教育的投资 4. 健康的投资。 ……

不要再一味地疯狂攒钱了，甚至为了省三块钱而步行两个小时去较远的超市买一袋洗衣粉，你这不是省钱，而是造成了更加巨大的浪费！穷忙是种病，当你解放自己的思想，将自己的眼光投入到更加广阔的环境中去的时候，你才能发现时间所能赋予你的无穷无尽的力量和财富！

你的一小时值多少钱?

当本章的内容讨论到这里的时候，就会遇到另外一种情景，请看以下示例。

有一天，你工作很忙实在走不开，而你的好朋友恰巧送给你两张席琳·迪翁的演唱会门票，那么你该如何抉择？去还是不去呢？请注意，你的这两张门票不能送人，而你的工作也不能找人代做。

还有这样一种情况。你非常喜欢陈奕迅，今晚有陈奕迅的演唱会，票价是1300元。而此时，你的朋友送给你两张周杰伦的演唱会门票，免费的。周杰伦演唱会的门票你同样不能送人，除此之外，两场演唱会没有其他的成本差异。时间只有一份，你到底是去陈奕迅的演唱会还是周杰伦的演唱会呢?

这个时候你又要开始纠结，到底怎么选择才是物超所值的呢?

既然这本书，我想要阐述的是时间与金钱的关联，那么在这里我想从经济学的角度来分析一下这份时间你该怎么用才算是值当。

首先，介绍一个经济学的基本概念。如果你上过经济学的课程，一定听说过“机会成本”这个概念吧。你所从事一件事情的机会成本，是你为了从事这件事而放弃的其他事情的价值。

我们再来分析上面的两个问题。陈奕迅演唱会的票价是1300元，而你心里的承受价格可能是1600元，也就是说如果陈奕迅演唱会的门票票价超过1500元，那么你哪怕是闲着也不会去看这场演唱会。那么，你去看周杰伦的演唱会的机会成本是多少？

去看周杰伦的演唱会，唯一必须牺牲的事情就是去看陈奕迅的演唱会。不去看陈奕迅的演唱会，你会错失对你来说价值1600元的表演，但同时，你也省下了买陈奕迅演唱会门票所需要支付的1300元。所以，不去看陈奕迅的演唱会，你放弃的实际价值是1600–1300=300（元）。如果你觉得看周杰伦的演唱会至少值得300元那你就应该去看；要不然，你就应该去看陈奕迅的演唱会。

按一般的看法，机会成本是经济学概论课上要介绍的两大重点概念之一，它可以理性地衡量和判断我们生活中所遇到的大部分无法合理选择的问题。但是，根据罗伯特·弗兰克在《牛奶可乐经济学》这本著作里面提到的问题，其实有大部分的学生都没有掌握这个概念，甚至是大部分的教授都没有清楚地理解这个概念。

可是，这个概念却是如此的基础，如此的有用！它有助于解释一大堆的社会学行为模式。举个例子，众所周知，中国地貌广阔，各个不同的地方文化存在着巨大的差异。我们往往觉得上海人大多小心眼、没耐性，而成都人往往比较安稳随和、亲善友好。

当然，你或许并不同意这个前提，但是大部分还是觉得这是一个中性的描述句。如果你在成都的街头问路，人们可能会停下来很耐心地帮助你。可是如果你在上海的地铁里问路，他们可能看都不看你一眼。因为在中国，上海人的工资水平最高，要做的事情最多，他人时间的机会成本很高。所以，上海人急躁一点也是理所当然的。

我的一个作家朋友，她每天早上无论路况多么好都必定打车去图书馆写作，而每天晚上却在下班晚高峰的时候选择乘坐公交或者步行回家。她非常清楚自己时间的机会成本，每天早上是她一天之中思维最活跃的时段，如果将这么宝贵的时间浪费在乘坐公交车上那将产生巨大的机会成本！而每天晚上都是她散步休闲的时间，这段时间内她是不能从事写作的，而且也没有其他事情需要立刻着手，因此她如果在这段时间内选择打车，则将会产生一定的机会成本。

所以，机会成本并不是一个定量概念，而是根据你目前所处的环境和状态实时改变的。如果我们把它再精细化一点，则可以粗略估计出你当前的一个小时的平均的机会成本。我们姑且将它称之为成本时值。

就如同机会成本是在不同情境中发生变化的一样，成本时值也是一个不断变化的量值。当你完全掌握了这个概念，你就可以使用它重新审视你日常中时间的消耗了。

朋友邀你去看音乐会，而你却想看话剧，你的时间和金钱都是有限的；朋友叫你帮他一个忙，然而你自己还有好多事情没做完，你帮忙还是不帮忙；手头上还有事情，但是旁边的同事们聊得正热闹，你要不要加入？

对于这些看似在人情和社交之间矛盾的问题，我们都可以用机会成本这个理性的判断标准来进行衡量。

所以，大家在做某事之前，不妨考虑一下你自己一小时值多少钱，而这一小时，值不值得你花费在别的事情上面。

而你尊重自己的时间就是尊重了你自己，继而，你就会有更多的钱。

比尔·盖茨为什么永远都穿着相同的衣服？乔布斯在苹果发布会上也没有换过衣服。而扎克伯格从来都是灰色T恤配短裤。他们穷吗？穿不起好衣服吗？还是他们真的不懂时尚呢？即使他们不懂时尚，他们的财富足以让他们雇佣得起任何时尚设计师为其服务。但是，他们没有将自己的精力花费在穿着上，因为，这将对他们造成巨大的机会成本。

另外一个与互联网精英完全相反的现象就是，明星们从来都非常在意自己的着装和妆容。他们很少在读书上下功夫，很多都是高中学历甚至更低，即使是全日制的电影学院毕业的班科生，他们也很少在文化课上下功夫。

模特们不愿意花一个小时去看一本书，却愿意每天称量二十次自己的体重！甚至愿意在健身房里花上一天，只为令自己的肌肉更加紧实，即使她已经轻得只剩下一把骨头了。然而这些明星、名人们，他们真的是没有头脑吗？他们真的是不爱读书吗？真的是不渴望知识吗？他们真的只是想要靠脸吃饭吗？

其实，并不尽然。只是这两种人都清楚地知道自己的优势在哪里，自己是靠什么赚钱，靠什么吃饭的。

像“乔帮主”这样的科技大触，他一小时的价值简直难以估量，因此他不会把自己的时间全部浪费在服装搭配上面，索性都穿一样的衣服！而模特们，身体和脸蛋才是他们吃饭的本钱，因此他们才愿意花大量的时间和金钱去修正自己赖以生存、安身立命的东西。他们赚得绝不少，而且很大一部分偶像都是年少有成。但是，就算他们考上大学，对于自己的模特职业也没有什么太大的帮助，学历只是锦上添花的东西。

所以对于不同的人来说，不同的东西的价值是不一样的。然而每个人却有且仅有一份相同的时间，这是你用来创造价值的基础！尊重你的时间，就是尊重你自己。

那么，你还在犹豫的那个本周末钓鱼的邀约，你已经知道该如何取舍了吧？

第三章

自己的目标总是无法达成？一定是你的方法不对

阅读本章，你将会实现一个许下多年都未能实现的愿望，完成一个一直都没有完成的目标，掌控一种更轻松、更紧凑的生活节奏。

完成目标，其实是一种能力

在本章，我想阐述一个观点，如果你的目标一直无法完成，那一定是你的方法不对！

我想先讲述一个小故事，希望对大家能有警醒作用。

兰登曾经在美国风靡一时，他的智商超高，曾经研究过非常多的物理学超级难的课题。可是他的一生却充满了坎坷，他的智商超高但是求学的路途却一直不顺遂，不是因为家里交不起学费，就是因为种种原因被退学，最后做出来的科研成果也没有哪些刊物愿意发表，最后还是因为上综艺节目而一炮走红，他红是因为他超高的智商而已。

然而，美国还有一位聪明人，他的智商也很高，而且同样对物理学充满了兴趣，而且他的一生也充满了坎坷并不顺遂。但是奇迹是每件事情在最后他都能克服困难，达到自己的目标。这个人就是原子弹之父，参与曼哈顿计划的美国犹太人物理学家：奥本海默。

同样的智商，同样的对于物理学的热爱，同样的遭遇阻拦和困难，但是这两个人的人生道路却是云泥之别。

其实现实生活中这样的例子不胜枚举，你比别人在某件事情上似乎更有

“天赋”，但是别人在那个领域所取得的成就却远远高于你。你和某个人本来处在同一个起跑线上，但是十年之后，你们俩之间的差距却不断在拉大。

这是什么原因呢？

马尔科姆·格拉德威尔在《异类》一书中总结，造成这种差异的根本原因并不是命运，也不是智商，更不是天赋，而是一种能力，这种能力就是：达成自己目标的能力！

而你审视过自己身上有这种能力吗？

三年后你想赚多少钱？有什么心愿？

我们中国人有一个很有意思的习惯，总是很喜欢问小孩子梦想和习惯，我想小学的时候我们都不免写过《我的梦想》这样的作文。可是，当我们长大了，能力变得更强，翅膀变得更硬了，更有能力去实现我们的梦想了，我们却忘了再问问自己，你有什么梦想？

成年人谈梦想是一个很奇怪的话题吗？我想并不是。有目标才有追逐的动力，有了目标才能避免自己在成功的道路上走弯路。然而作为成年人的我们，很容易将钱看成是衡量未来成功与否的标准，那么，我们不妨问问自己，三年后你想赚多少钱？有什么心愿？

每个人对自己的定位不同，三年目标的设定自然不尽相同，可是设置多少为一个合理的标准呢？我想，这并没有一个标准。成年的我们必须要摆脱应试教育的思想束缚，不是所有问题都有一个标准答案！

我们先来看几个就发生在我们身边的例子：

马文斌，咨询行业讲师，27岁。普通二本大学毕业，毕业后设定目标为三年后存过100万。两年半的时间，存够了100万。

杨珍，物流公司副总，35岁。2012年设定的目标是三年存款过50万，

2015年年底，存款64万。

赵川和李文文，小夫妻，丈夫27岁，妻子25岁。因李文文生病，两个人离开公司开夫妻店，三年目标是存款40万付首付。三年实际收益为157万。

……

看到上面这些数据你是不是有些目瞪口呆？甚至有些不敢相信这些数据的真实性？我告诉，这些人都是真实存在的！

他们曾经也是我们普通人中的一员，只不过他们通过自己的努力完成了自己的梦想，达到了自己的财富目标！如果他们以没成功之前的身份告诉你他们的目标，你是不是也会一笑置之，认为他们是空有野心？

所以，梦想的大小没有什么关系，只要你会运用自己的时间，你就一定能积攒到自己想要的财富！

是否你已经在职场混迹十年仍旧存款不过六位数？是否你还在为每月的固定薪水而劳碌奔波？是否你还没有找到时间的秘密便让它一点一滴流逝干净了？

如果是这样，那你就应该好好反思一下你自己是否浪费了很多时间。上面这三个例子中的主人公都有一个共同的特点：对时间敏感，能很好地掌控自己的时间。

首先，我们来说说逆袭型男马文斌。马文斌大学毕业后，在一家贸易公司上班，月薪三千。他及时地意识到了如果每月就拿这点工资，那他一辈子可能都达不到自己的目标！他认真地分析了自己的条件：外形好，口才好，于是他果断离职，去应聘一家咨询公司的讲师。

可是，他年纪轻，又刚刚毕业，没有公司愿意要他。他将自己的薪水降为了500元/月，终于，有一家公司愿意让他试试看。在这家公司中，他拿的是原来的六分之一的薪水，却付出了原来六倍的努力！他不断看书学习，提升自我，并且在网上广发邀请函免费开公开课，只为了锻炼自己的口才！

刚进公司的时候，他的老板告诉他，希望他能用一年的时间完整地学习演讲理论和提升自己的口才。而马文斌回答道：我只需要5个月时间。5个月之后，他做到了，他成为公司内部的一名培训师。

然而，此时他的工资只有600元/月，离梦想还是很遥远，而公司的外派培训师每场培训可以收取5000元的培训费，他告诉自己，他要用一年的时间将自己训练成一个优秀的培训师！一年后，他又做到了，此时他再也不用为钱发愁了。凭借着良好的形象和扎实的基础，以及年轻的心态和肯吃苦的精神，一年半的时间他不断飞往全国各地，最终在三年内提前完成了自己的赚钱目标！

在马文斌的故事里，他运用了哪几条时间管理的规则呢？

1. 他没有穷忙，在毕业后很短的时间内便找准了自己的方向；

2. 不纠结，会控制自己的情绪，抗干扰能力强；

3. 执行力强，有了任务就去做，从不拖延；

4. 珍惜每一分每一秒，精简自己所有的时间（马文斌几乎没有无效的约会、休闲、娱乐等活动），他将自己所有的时间都花费在提升自己的能力和工作上。

这是一个拒绝穷忙后华丽逆袭的鲜活案例！

我们再来分析一下赵川和李文文这对小夫妻。本来这对小夫妻只是普通的员工，但因为李文文生病了，不能再从事繁重的工作，只能回家休养。生活的重担全部落在了赵川的身上，李文文为了帮丈夫减轻负担，在网上开起了淘宝店。她没有启动资金，也卖不了什么高端的东西，考察了一番之后决定在网上卖酒瓶子。

卖酒瓶子能赚钱？对，这个生财门路还真被李文文给找到了！她每天收集各式各样的酒瓶子，在家里擦洗干净后认认真真地在酒瓶里写上祝福的话语，这不就是现实版的漂流瓶吗？她每天几乎要花12个小时在宣传自己的网店上，两年之后，她的年营业额已经达到了50万。

此时，她的丈夫赵川也果断辞职，和妻子一起在家经营起了酒瓶生意。三年入百万的“酒瓶夫妻”曾经一度引起媒体的关注，很多杂志都对他们俩的事迹进行了报道！

我们试想一下，如果出现了以下这几种情况，赵川和李文文的百万生意还能持续下去吗？

1. 李文文很懒惰，就在家里做做家务看看家，顶多接一点小零活做做，根本不去关注哪个行业有前途，哪些门路能赚钱；

2. 李文文根本不懂创新，不会想到现实版的漂流瓶概念；

3. 当李文文想到卖酒瓶的时候，赵川就来讽刺她："你把人家扔掉的酒瓶子捡回来，有人买吗？你这不浪费时间吗？"

4. 如果赵川觉得李文文在家闲着就应该承包所有家务，那么李文文可能也没有机会一天用12个小时去宣传自己的网店。

……

当然，能造成她不成功的理由和因素还有很多，只要她遭受到了以上任何一点，那么三年之后她和赵川不可能成为小有名气的"酒瓶夫妻"，也不可能存款过百万！

转而思考一下我们的生活，我们是否也曾经突然冒出过类似于"卖酒瓶子"之类的看上去荒诞的念头，这个念头在现实的洪流中一下子就被冲刷得干干净净了？

造成我们不成功、完成不了自己的目标的因素还有很多很多。那么我们换个角度思考一下，有没有什么方法是能帮助我们成功，让我们快速实现自己的赚钱目标的呢？

如果假设这个方法存在，那我们再来思考，三年后你想赚多少钱？有什么心愿呢？

请相信，你的目标，已经决定了你人生的高度！

千里之行始于目标

前文中，我列举了三个算是成功的平凡人的例子，在这些例子中，几位主人公还有一个共同的特点，那就是他们几个人清楚地知道自己三年后想赚多少钱。

就像投资者喜欢那些有理想、有目标的人一样，这个社会也更青睐那些有目标并执着奋斗的人。一个目标在人的日常生活中到底扮演着多么重要的角色，很多人还是没有理解得特别透彻。而且，一个目标该怎么制定、怎么执行，很多人其实都是没有头绪的。

关于目标的设定，首先，你必须对你的目标有非常强烈的欲望！

古希腊有一位大哲学家叫苏格拉底，有一天他的一个学生问他："老师，怎么样我才能在最短的时间内成为像您一样的大哲学家呢？"

苏格拉底没有说话，将这位学生带到了小河边，趁着学生不注意，一把将他推到了河里！

学生大惊，在水里挣扎狂呼："老师！……救我……"

苏格拉底看着他，不为所动。

这位学生拼命挣扎，终于慢慢靠到了小河边上，自己挣扎着爬上了岸。

“你刚才在水中，都在想什么呢？”

“想什么？”这位学生非常气愤，“我还哪有时间思考？在水里的时候我就一心只想活命了！”

“这就对了！”苏格拉底说道，“如果对于你想做的事情，你都能像刚才想要活命那样不顾一切地去折腾，都能有那么强烈的愿望，那么你就一定能成功！无论是你想成为一个大哲学家还是一个生物学家。”

一个人的能量的体现，往往不是在他顺风顺水有充分的选择权的时候，而是在他无路可走必须拼死一搏的时候。这个时候一个人爆发出来的能量是惊人的！

有一幅对联非常有名：

有志者事竟成，破釜沉舟，百二秦关终属楚；

苦心人天不负，卧薪尝胆，三千越甲可吞吴。

这个对联讲的是楚霸王项羽破釜沉舟和越王勾践卧薪尝胆的故事。项羽和勾践相同，都有着明确的目标，并且对目标都有极强的成功欲望，因此不惜一切！

现实中这样的例子也不胜枚举，往往在你自己业绩不顺的时候你花了一个月时间也很难解决这个问题。但是当老板吼你，告诉你如果你业绩再不好就让你滚蛋的时候，你就能想尽一切办法帮自己解脱这个危局，可能只花了三天你就将问题搞定了。

制定目标，可以让你的时间投入更加准确化，减少三心二意和朝秦暮楚所带来的时间浪费！制定目标，并且朝着目标努力奋斗，这会大大提高你完成它的概率。

其次，对自己的目标要坚定不移。你若是不断变换目标，今天想做这个明天想做那个，那么时间浪费了之后，你还依旧只是一个一事无成的失败者。

很多销售公司对自己的员工都有这样的目标训练。而那些表现出色的员工即使公司不给他们压力，他们自己也给自己压力，让自己在更短的时间内获得更大的收益，绝不浪费时间。即使没有人催促，没有人监管，他们也知道自己的目标在哪里，也知道自己的时间要花费在哪里才算值得。

当你快速做出决定之后，就为你减少了很多因不必要的纠结而产生的时间浪费；你有了目标，就为你省去了很多徘徊和犹豫所造成的时间浪费，你就能比别人节省更多的时间，更快地获得成功！

所以，目标能为你获得财富，目标也能为你节省时间！

为了更加直观地描述这个概念，我们来做这样一个小试验。

请花30秒的时间，将下面的表格看一遍，看完再将表格下面的文字看一遍。请注意，只看一遍即可。

3	5	90	23	45	2	34	2	25	5
56	2	9	3	4	7	19	4	2	7
14	34	2	4	6	8	9	3	2	7
5	8	4	9	2	54	45	78	28	71
13	55	23	54	7	2	3	4	6	5
5	7	8	4	9	2	9	5	2	2

请看下面的文字：

“我是一个天性乐观开朗的人，我诚实勇敢，从不撒谎。我爱我的家人、我的朋友、我的老师。”

看完之后请用手将上面的两部分内容全部遮住，不要再看了。

现在，我要开始提问了：“第一个表格里一共有几个2？第二段文字中一共有几个逗号？”

估计很多人看到这个问题的时候，一下子傻掉了，一定要再去回看前面的表格和文字才能答得出来。

曾经我在课堂上也做过这样的实验，当我提出这个问题的时候，底下坐着的所有人都懵掉了。

“这个问题，你们觉得能回答得出来吗？”

全班人集体摇头。

“好，我们再来试一次。”我说道，“这次，你们带着自己的问题看这个表格和下面的文字，表格里面有几个2，文字里面有几个逗号。”

这次，还没用完20秒，就有人回答：“11个2，2个逗号。”

“看，这次最快的人只用了18秒，所有人30秒之内基本上都数完了吧？”我问道。

所有人都点了点头。

你看，同样的表格和同样的时间，带着问题看和不带着问题看，解答能力截然不同！

这就是目标的作用！

其实很多时候，我们的人生就像是那一张表格，突如其来，一下子在你面前展开，你茫然地看着，不知道该怎么办，就让自己得过且过、过一天是一天。于是，有很多人感到迷茫，有很多人渐渐开始失去方向。我们就这样傻傻地一个数字一个数字地往后看，或许还在沾沾自喜地觉得自己比别人看得快，殊不知人生给我们的考题到底是什么。

可是，如果你先树立自己的目标，那结果就大不相同！你清楚地知道自己要找的“数字”，那么走在人生的格子上，你只需要对自己有用的“数字”多加关注，而那些没用的“数字”便可直接忽略，将自己的精力和时间全都花费在那些重要的“数字”上，这不仅能帮你省下很多精力，还能帮你省下很多时间！

那么，明确自己的目标，在你面对这样一张“人生的表格”时，你就能立刻分得清主次关系。

所以，千里之行使于目标！给你自己一个明确的目标，并坚持下去，那些茫然和颓废便会远离你，你的人生会越来越美好，财富会越来越丰厚！

以终为始，做自己人生的主宰

有了目标之后你就一定会成功吗？并不见得。有些人的目标是年薪20万，可是工作了五年了，年薪依旧只有8万左右；有些人一辈子的梦想都是做一名芭蕾舞演员，然而直到寿终正寝也还只是一个平庸的家庭主妇。

那么，有了目标之后，我们该怎么做呢？

上一节的数字表格不仅能帮助我们理解目标的重要性，还能帮我们理解一个非常重要的概念：以终为始。

什么叫作以终为始？就是将自己最终的目标作为自己奋斗的标杆，从而反推到当下，一步一步拆解开来，明确当下你需要做些什么才能一点一点达到自己的目标。以终为始，是不走弯路，不会将自己宝贵的时间浪费在自己目标外的事务上，不会做任何与自己达成目标背道而驰的事情。

像是我们在前文举的例子，马文斌就是一个以终为始的人，他知道自己三年后的目标是存款过百万，因此在毕业伊始，便辞去了自己稳定的工作，他不想在对于目标没有任何帮助的事情上浪费时间！

张爱玲有一句话说：“出名要趁早。”在这里我要说，明确自己的终点，也要趁早！

在互联网行业兴起之后，很多人都明白了时间的宝贵性，懂得了成功要趁早！三十几岁的亿万总裁，二十几岁的创业新贵，都已经不是稀罕的话题了。

当然，我们生活中也存在着很多“老当益壮”的成功案例。建筑工人转行做歌手，结果一唱成名，永远告别了穷苦的困境；出租车司机转行去跳舞，结果却成了大明星，从此顺风顺水……电影《老男孩》中讲述的故事，在我们现实生活中也比比皆是，有多少人是到了中年，才活明白了，才决定要为自己的梦想奋力拼搏一把。

但是，这些只是成功了的人，我们才知道了他们。又有多少人是埋没在尘世中再也不敢提任何关于梦想的词语？

然而，如果愿望可以早点实现，财富可以早点积攒，谁愿意潦倒半生？

如果将以始为终的观念投射到我们生活的点点滴滴上，我们是不是也经常犯一些自己根本没有察觉的错误？

你想找一个北方的对象结婚，结果你身边的全是南方人，所以你不得不找一个南方人结婚了；你想上理工科，可是无奈你物理太差了，只能选择读文科了；你想换一个更好的工作，但是你这份工作没有达到应该有的成效，所以你暂时还不能辞职……

为什么我们会遇到这些问题呢？那是因为，我们有目标，也有执行目标的动力，可是我们并没有将目标拆解开来，一点一点去寻找实现目标的方法，而是将目标当成一个梦想放置在了那里，等我们恍然大悟醒过来的时候，时间已经不够我们再去弥补这些错误了，我们只能将就！

在这个问题上，我们来看看红遍大江南北的女演员周迅的故事。

国内知名女演员周迅，现在绝对是一等一的明星大腕，无论是其演技还是地位，都是娱乐圈内的重量级人物。然而，她毕业的学校不是著名的北影，也不是高端的上戏，而是在当时名不见经传的浙江艺术学院。

周迅在大一的时候，也像班里其他的同学一样，看看书，上上课，闲暇时跟同学们K歌打牌，大学生活也过得丰富多彩。因为她的成绩不错，长相又好，所以学习对于她来说也没什么压力，她的日子过得相当自在。

就在大一快结束的时候，周迅的老师将周迅叫到了自己的办公室。

“周迅，你未来有什么打算？”

“我要做大明星！要唱歌，要演电影！”周迅天真地回答道。那个时候，所有艺术院校的学生都有一个明星梦，期待着有一天，自己能美梦成真！

“噢，那你有没有想过，你要在多少岁的时候完成这一切呢？”老师接着问道。

“我要在25岁的时候完成。”周迅想了想回答道。

“那你想一想，25岁你要成为中国的大明星，成为一个很好的歌手，你最起码需要沉淀3年。那么也就是说22岁的时候，你必须是一个成熟的演员了。再推算下来，你20岁就应该拍自己人生中的第一部戏了，而你22岁也该出自己的第一首单曲了。那么再推算下来，你19岁就应该进入一家影视公司，也有唱片公司愿意签你，给你发唱片。那么，你18岁的时候，就应该有自己的曲风和表演风格，是一个很成熟的演员了。而你现在已经多大了，你都会些什么？”

周迅听完，整个人都惊呆了！

原来目标并不在远处，而在你现在一步一步脚踏实地的努力中！愿望和梦想都可以被分为阶段，每一个阶段你完成了你该完成的事情，你才可能在结果上获得成功！

那一次，老师的话彻底惊醒了周迅。

从此，她彻底变了一个人，苦练舞蹈，背台词，练声乐。课余时间再也不跟同学们去K歌打牌了，而是努力地去做一些实习，去做很多的兼职，以很低的报酬去做平面模特，去拍台历，只为提升自己的镜头感，不断提升自己。

终于，一位导演看到了周迅拍的台历，被这个神秘的大眼睛姑娘所吸引，辗转找到了她，邀请她拍自己的一部戏。这部戏成了周迅人生中最大的转折点，在导演找到她的时候，她已经通过自己的努力将自己的演技练得炉火纯青，所以她很轻松地就抓住了这个机会。从那以后，周迅一步一个脚印，努力向前走着，不断锻炼着自己，磨砺着自己，她记得自己的梦想，也记得当下自己该为自己的梦想做些什么。

以终为始，她一直坚持着这样的信念。终于，她因在《大明宫词》中饰演太平公主而红遍大江南北。多年来，她各种奖项都拿到手软。外界对她的评价也非常高。

最后，她也顺利出了自己的专辑，完成了自己的梦想。

我们很多人都会犯像19岁的周迅犯的错误，我们以为梦想还很遥远，我们不知道该怎么追逐，所以我们还有大把的时间可以浪费着去做别的事情，自己还不太清楚自己做了什么错事情。

如果你想在北方工作生活，并且找一个北方的对象结婚，那么你在职业选择的时候就应该选择一个北方的城市；如果你以后想成为一名科学家，想要学习理工科，那么你在平时的学习中就应该极度重视理工科的学习，尤其是物理和数学，这样你才有可能取得想要的分数，考进理想的学校。

知道了终点在哪里，也知道了我们现在在哪里，那么我们就能够丈量出这段完成目标的距离到底有多远。认准目标，并且将这段路程拆分开来，每天朝着梦想前进一步，不走弯路，不被周围的风景吸引，那么很快我们就能到达自己人生的终点，实现自己的愿望！

全球首富比尔·盖茨曾经从哈佛大学退学去学习编程。他知道自己的终点在哪里，并且将终点当成自己的起点，即使是含金量高如哈佛的学历，也阻挡不了他朝着程序前进的步伐，大不了退学就是。

以终为始，如果你也有这样的梦想和追求，那么你就也能和比尔·盖茨一样，成为一个富有的人！做自己人生的主宰，而不是将自己人生的遥控器让给他人。

一万小时法则

社会学研究中有一项非常有趣的规律：一万小时法则。即当你在一件事情上花费的时间达到一万小时后，你就会成为这个领域的专家！一万小时折合成我们正常的生活作息，则大概是十年的时间。

也就是说，如果在一个领域投入十年的时间，那么你就会成为这个领域的专家！

我们假设一种极限情况：一个55岁的人，除去他15岁之前的少年时光，他有40年的时间可以用来成为4个领域的专家！假设他对以下这几方面感兴趣，那么他在55岁的时候，可以成为一名生物学家、一名医学家、一名企业家、一名钢琴家。

很有趣吧？

研究表明，一个人在学习的过程中，要完美地掌握某项复杂的技能，就要一遍又一遍地艰苦练习，而练习的时长必须达到一个最小临界量。事实上，研究者们就练习时长给出了一个时期的临界量：10 000个小时。

“研究发现，任何一个领域的世界级水平都需要起码10 000小时的练习量。”神经学家丹尼尔写道，“随着研究不断深入，作曲家、篮球运动员、作家、滑冰运动员、钢琴家、棋手，甚至是江洋大盗……无论你是什么，10 000小时这个神奇的数字都一而再再而三地出现。当然，这并不能解释为什么有些人能从等量的训练中获得更好的效果。但是可以肯定的是，目前还未发现任何一位世界级的专家在其专业领域中的训练时长少于这个数字。人的大脑好像必须要花费这么长的时间消化理解，才能达到极其精通的水平。”

可是，纵观我们身边，有几个人能达到如此成就？有很多人活到55岁，连一个成就都没有达到！

是一万小时法则错了吗？我们来看两个例子。

当代最有说服力的例子当属俄罗斯总统普京了，他不仅是一国元首，更是无所不精无所不会！开战斗机、潜水、自由搏击、相扑、滑冰、骑马、打猎……列出来他的技能恐怕一张A4纸都写不完，而且人家之前还是一个特工。

历史上的另一个人物则完美地印证了多才多艺傍身的可能性，那就是达·芬奇——欧洲文艺复兴时期的一位传奇人物。

达·芬奇被称为是人类历史上绝无仅有的天才，他是一位思想深邃、学识渊博的画家、天文学家、发明家、建筑工程师。他还擅长雕刻、音乐、发明、建筑，通晓数学、生理、物理、天文、地质等学科。

他最大的成就是绘画，他的画作《蒙娜丽莎》《最后的晚餐》《岩间圣母》至今仍是艺术界的瑰宝。

可他的成就却不止于此！

达·芬奇画出了世界上第一幅人体骨骼和人体血管图，在医学方面他造诣极其深厚；他还设计并尝试制作了世界上第一个飞行器，从他的设计图纸来看，那是今日飞机的雏形；在物理上，他在那个年代便已经研究出了无段连续自动变速箱的概念，而这个概念如今在拖拉机、雪上摩托、机车上都已使用多年；他还曾任军事工程师，他的笔记中有大量的机关枪、人力或马力拉动的武装坦克车、子母弹、军用降落伞的设备；他还是个伟大的建筑师，桥梁等的设计图纸也多见于他的笔记中；而且，达·芬奇还是最早提出使用太阳能的人……

爱因斯坦认为，如果达·芬奇的科研成果在当时就发表，那么科技可以提前30~50年！

除了这两位多才多艺的著名人物，很多成功人士也是依靠一万小时法则而成名的，例如曾经风靡一时的甲壳虫乐队、全球首富比尔·盖茨等。

如果一万小时定律没有错，那么很多人在一个领域都没有成功的原因可能是：这些人即使活到了55岁，也没有在自己的目标上干满1万个小时！

听上去很可怕吧？可你想想，失败者的生活不就是这样吗？

每天8小时的工作时间，玩手机刷朋友圈吃东西开溜，再加上迟到早退，真正用在工作上的时间还不足3小时；想学一门技能，结果三天打鱼两天晒网，因为太困难了你就放弃了；小时候学跳舞，老师看着就练基本功，但是回家后却从来不自己练习，后来嫌苦练了两年就放弃了……

就因为对于一件事情总是抱着这样的态度，所以才会出现那么多的失败者！

由于时间消耗上的差异，别人工作能力越来越强升职加薪，而付出时间少的人则没有；别人个人实力越来越雄厚，诸多技能傍身，而付出时间少的人也没有；别人最后成了大名鼎鼎的舞蹈家、钢琴家、小提琴家，而付出时间少的人还是没有……

可是，现实生活中，付出时间少的人往往并不能察觉自己的问题其实在“花费的时间不足一万小时”上面，反而经常会觉得是自己的天赋比别人差。

社会学的理论不排斥天才的可能性，但是天才的概率太低，我们大多数人都是平凡人。并且其实早在20世纪90年代，心理学家K·安德斯·埃里克森就曾经做过这样的研究：到底是否存在与生俱来的天赋？

他的研究结果有两项非常值得关注：第一，根本没有与生俱来的天才——花的时间比别人少就能达到比别人高的成就；第二，也不存在“劳苦命”——一个努力程度比别人高的人却无法比别人更优秀！因此，他提出，无论在任何一个领域，想要进入顶级层面，唯一能使他出人头地的方法就是：刻苦努力！

那么，基于埃里克森的研究成果，我们站在一个大众化的角度去衡量一个人在某一方面成功与否，其实就是看他有没有在这件事上坚持满1万个小时！

成功的法则在这个阶段就变得非常简单，即一万小时定律！财富与时间之间的关系终于找到了一个可以换算的公式！

其实对于大千世界中的很多人而言，或许很多事情他都尝试过，但是没有一件事情能够让他坚持满1万小时，因此在任何一方面他都不算成功，便只能碌碌无为，穷困一生。

研究了失败的原因，我们再来看看那些各个领域中的成功人士，看看他们的成功和财富，是否符合一万小时定律。

其实，这个一万小时定律，其实也适合我们平时所说的“奇才”。

“奇才”的一万小时定律

人物： 比尔·乔伊

职业： SUN公司创始人，计算机科学家

事迹： 比尔·乔伊读密歇根大学的时候正好新计算机中心成立，那年他16岁，迷上了计算机。

后来乔伊加入了改造UNIX系统的项目团队，目前全世界正在运行的数以百万计的服务器系统软件，依旧是他们的那个UNIX版本。

乔伊从伯克利分校毕业后，与合伙人在硅谷创办了SUN，乔伊着手写另一种计算机语言——Java。在硅谷圈内，他与微软的比尔·盖茨享有同样的地位。

时间消耗： 比尔·乔伊在采访中说道：“在密歇根大学的时候，我每天编程至少8~10个小时，到了伯克利分校就更加没日没夜地编程。我经常到晚上两三点才睡觉，趴在键盘上就睡着了。从我1971年进入密歇根大学开始，第二年学习编程，再加上寒暑假，再加上伯克利分校的日日夜夜，编程花费了我大约10 000小时的时间。”

人物：莫扎特

职业：音乐神童；6岁作曲

事迹：莫扎特4岁便开始跟着父亲学习钢琴和作曲。

6岁时，莫扎特便随父亲到慕尼黑、维也纳、普雷斯堡做了一次尝试性的巡回演出。

莫扎特留下的重要作品包括当时所有的音乐类型。他谱出的协奏曲、交响曲、奏鸣曲、小夜曲、嬉游曲后来成为古典音乐的主要形式。

代表作《A大调第十一号钢琴奏鸣曲》《g小调第四十号交响曲》《费加罗的婚礼》等。

时间消耗：心理学家迈克尔·豪在《解读天才》里写道，“莫扎特在真正成为职业作曲家之前，他早期的作品并不出色，他的那些作品很可能大都出自他父亲之手，只是后来得到不断修改罢了。完全出自莫扎特之手，并被奉为他的第一部经典作品的，是第九号钢琴协奏曲，然而这部作品是他在21岁时创作的。那时候莫扎特作曲已有10个年头了。”

人物：鲍比·菲舍尔

职业：国际象棋大师

事迹：美国历史上首位也是唯一一位国际象棋世界冠军。

有“国际象棋坛莫扎特”之称。

他是国际象棋天才，“八连冠”的战绩几乎后无来者。

击败苏联对手登上世界棋王宝座，令他成为美国的“国家冠军”。

时间消耗：国际象棋大师问鼎世界冠军宝座，用的时间少一点，大约9年多。

人物：甲壳虫乐队（披头士）

职业：最受欢迎的摇滚乐队

事迹：英国摇滚乐队，开拓了迷幻摇滚、流行摇滚等曲风。

1963年连续创下30周居流行音乐专辑榜首的记录。

1964年创下包揽公告牌Hot 100单曲榜前五名的记录。

格莱美最佳乐队奖；

格莱美最佳专辑奖；

格莱美最佳流行乐队奖。

2004年《滚石》杂志评选了“历史上最伟大的50位流行音乐家”，The Beatles排名第一位。

2008年在美国公告牌“最杰出音乐人”榜单上位列榜首。

以20首冠军单曲在公告牌“最多冠军单曲”榜单上排名第一。

2012年，英国最畅销乐队排行榜，榜首。

世界上最有影响力的乐队。

时间消耗：甲壳虫乐队成员列侬和麦卡特尼在1957年第一次合作，这个时间距离公认的他们最伟大的作品白色专辑——正好10年。

甲壳虫乐队在高中时获得了一次去德国汉堡演出的机会，但汉堡“逼迫”甲壳虫乐队超量演出，在汉堡他们每天必须演足8个小时，一周演出7天。

1960~1962年，甲壳虫先后5次到访汉堡，在1964年甲壳虫最终成名前，他们实际演出共计1200场。

在去汉堡之前，他们的演出乏善可陈，但是在回来之后就非常出色了。

人物：比尔·盖茨

职业：全球首富

事迹：微软公司创始人。

1995年~2007年，连续13年成为《福布斯》全球富翁榜榜首，连续20年成为《福布斯》美国富翁榜榜首。

世界上最有钱的人。

时间消耗：盖茨从中学时期开始学习电脑编程，为了编程他晚上常常偷偷跑去用实习单位的电脑。当盖茨大二从哈佛退学自己开公司时，他已经不间断学习编程7年了。

想要成为谁，就要付出相应的时间塑造自己

当我们理解了一万小时定律后，似乎是看到了一条通往成功的明确道路。如果能合理地运用这条准则，你的人生厚度和财富都会有飞速的增长。

再结合本章最开始所讲的两个定律：确立目标、以始为终，我们可以将完成目标达到成功的彼岸总结为以下步骤：

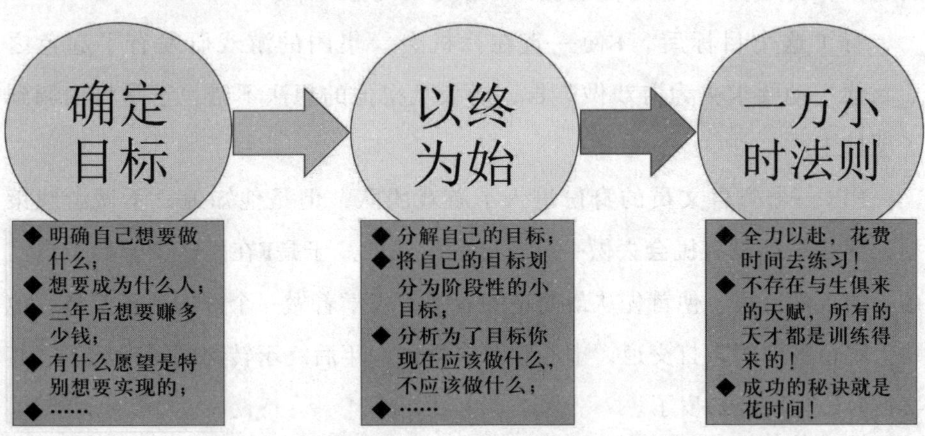

有了上面这个明确的步骤指引，你心里的那个目标是否可以用这个准则来实现呢？

我入行以来遇到的第一个总监F是一个非常励志的人物，他的故事正好

可以讲给所有正在职场挣扎的年轻人听。他的一万个小时没有用在成为一名钢琴家上，也没有用在成为一名大画家上，而是用来使自己成为了一个年收入两千万的总监，这条路他一走就是10年。因此在职场上迷茫的年轻人不妨细细品读一下F的故事。

F在游戏公司工作至今已经有15年左右了。

他最初并不是集团游戏部门的人员，只是集团旗下一家子公司保健品业务的一个市场专员，负责的事情是为保健品拟广告词。集团业务中保健品这一块卖得非常好，广告也几乎做得是家喻户晓，可是F的梦想并不是一辈子做一个广告文员。

在集团开始拓展游戏行业的时候，F便心动了，因为他自己本身就是一个爱玩游戏的人，而且他对于游戏行业非常看好。但是隔行如隔山，虽然同属于一个集团，但是保健品公司往游戏公司跳槽，总不是那么容易的。

在集团老板的带领下，公司开发的第一款游戏赚了个盆满钵满，第一批研发人员两年之内就在上海买了别墅、豪车，这大大刺激了F，也让他更加坚定了进入游戏行业的决心！此时，F已经明确地树立了自己的目标：一定要进入游戏行业，并且一定要做出一款好玩的游戏来！

有了这个目标后，F便一直在找机会。集团的游戏研发有了起色之后，他主动要求去为游戏做广告，老板觉得他的想法不错，于是将他调到了项目中。

F以一个广告文员的身份进入了游戏团队，但是他知道，不做游戏策划，他是永远没有机会去做一款自己的游戏的。于是F在团队中开始了自己虚心的求学历程，他首先从最简单的着手，去学着做一个好的市场专员，他每天跟市场部的人打交道，虚心学习求教，一年后终于转岗到了市场部。其实彼时，他已经27岁了。

转岗到了市场部，他就可以长留在项目中了。在做好自己本职工作的同时，他又积极地向产品部的同事学习，两年之后，他成为一名产品专员。他29岁才做到产品专员，其实很多人看来，都对他的行为产生质疑，可是F非常清楚他自己想要的是什么。

游戏策划，一般是一个游戏团队的核心，游戏产品专员也是会经常跟策划在一起工作的。F虚心求教，甚至是每周都请所有的策划吃饭，拿着自己的策划案去找策划领导讨论。其实最开始策划团队的人都不愿意搭理他，但是耐不住他虚心求教又肯下血本，于是便闲着的时候也带带他。F很快便和这帮策划称兄道弟，别人不愿意做的苦活累活他来做，别人不愿意加的班他来加，哪怕是别人推诿给他的无意义的活计他也接，有时候甚至整个团队的策划都下班了，他一个产品专员还在那里忙着写游戏剧情忙到凌晨五点。

可是，F从来没有抱怨过，三年之后他已经升职为高级产品专员了，可是他并没有忘记自己最初出发的动力是什么，自己是为了什么而努力。这三年，他在帮其他策划“打下手”的同时也学到了很多东西，在游戏策划方面的积累，他已经非常成熟了。

皇天不负有心人，终于被他等到了机会，公司要开新的游戏项目，原来项目的策划领导举荐了F，从此F成为一名游戏策划。他非常珍惜这个机会，虽然当时的工资不高，福利也不好，可是他依旧肯下血本去向别人请教，也吃苦耐劳，很快便将自己的能力提升到一个主策划的水平。

那时候，市场上风行的还是端游，F所在的团队研发了整整三年，三年之内，功能的优化整改，团队人员的调整调配，最后F成了团队的项目策划经理。

他花了整整8年的时间，完成了一个从广告文案专员到策划经理的变迁。而这款研发了三年的游戏是他从头忙到尾的，是他所有的心血。他为了成为游戏策划，耗费了自己的青春，耗费了自己的心血，耗费了自己的钱财，也用了自己除了吃饭睡觉以外几乎所有的时间。

打磨了半年之后，F的游戏上线了，最开始数据不算好，但是每天也有一点小增长，公司也任由其自生自灭。然而F并不放弃，带领自己的团队日夜优化赶工，以求做到更好的游戏体验。终于，半年之后，他的游戏用户量突破了两千万！那个时候，F正在跟程序经理在办公室里吃泡面。

在他游戏用户量突破了两千万的那一瞬间，F完成了从一个苦逼策划经理到千万富翁的华丽转变！

这一条路，他走了十年！十年之内的多少艰苦心酸，他都没有放弃！

从那一款项目大成之后，F每一年从项目中拿到的流水分红就多于两千万。虽然29岁做产品专员的时候显得很丢脸，但是39岁成为千万富翁，F觉得一点也不丢脸！

如今，F已经是游戏界有些名气的大人物，这款游戏运营至今也已经有十几年了。他就算是什么都不干，身价也足以超越大部分人的水平。

所以，你还在为自己的工作不是自己的兴趣而苦恼吗？你还在为自己到底要不要跳槽而纠结吗？

我们先回归到工作的本质去问问自己：工作对你来说的意义是什么？如果F当年不坚定自己的信念，克服种种阻力去做游戏，就算是他现在做到国内最顶级的广告文案，年薪恐怕也过不了百万。

想成为谁，就花时间去塑造自己，不要犹豫，临渊羡鱼不如退而结网！只要你肯将时间花费在你自己的目标上，你的目标也终将达成！

GAINS法则介绍

在这个时间就是金钱、分秒必争的年代里，社会和我们自己所能容忍我们达到目标的时间也越来越短。

比如说，你想辞职做一个自由职业者，可你的存款只够你在高消费成本的城市里生活三个月。如果三个月之内你不能依靠你喜欢的事情赚到钱，那么你接下来的生活将会非常糟糕，可能还得被迫再去找一份稳定的工作。

面临这样的处境其实是幸运的，因为你有很大的压力，如果你赚不到钱那么你就负担不起自己的生活，因此你会拼了命地努力，以便达成自己的目标。

然而，在生活中我们却常常会给自己设定其实没有那么紧迫和那么大压力的目标。比如，工作后你想提高自己的英文能力以增加自己的竞争力，结果一年下来英语水平还是原样；你给自己设定目标，一年的存款必须达到30万，可是一年下来你的存款只有10万，但你也觉得生活富足似乎还可以接受；你想一年之内写一本30万字的小说，结果年底了你的硬盘里还是零零星星几万字的碎片，但你也一笑置之，反正是兼职嘛……

于是就这样，在这些达到不达到都不影响自己生存的目标面前，我们便迷失了，于是一步一步，我们离自己最初的规划和梦想越来越远。因为这样，我们不断地浪费着自己的时间，甚至是花费了双倍甚至三倍的时间，都达不到原本只需要一倍的时间就能完成的事情，浪费时间就是浪费金钱，从而令我们沦落到穷人的行列。

而事实上，重要而不紧急的事情才应该占用我们大部分的时间！

聪明的人或许已经意识到了自己的目标总是达不成而造成的庸碌无为和财富损失，开始寻求突破和解决的办法，而率先解决掉这些问题的人，已经全都成为富人。可是还有很多人，一辈子都沉浸在设定目标最后目标失败的循环中，平淡无奈地过完一生，最后还用自己的经历去教育年轻人说：你看，这就是现实，这就是命。

然而，命是弱者的借口，运是强者的谦辞。越能清醒地认识到这一点的人，则越能更快地获得成功。

那么如何快速实现自己的小目标，有没有什么可以被总结成规律的方法呢？根据很多成功人士和富豪的经历分析和总结，GAINS模型或许是最切实有效的目标管理方法，下面将着重介绍一下GAINS模型，希望对大家有所帮助。

GAINS是五个单词或词组的首字母的缩写，分别是：G为goal，A为assessment，I为idea，N为next step，S为support。

Goal：确认自己的目标

毋庸置疑，要做成一件事，首先你要知道自己的目标是什么，并且是清楚地知道自己的目标是什么。前文中，我们已经讲过目标对人的成功和财富的重要性，它就像是一座灯塔，在前方指引你，让你在艰难困苦的时候，不至于迷失方向，也让你当前所做的一切都有了价值和意义。

确认目标说起来容易，但是做起来却并没有那么简单，其实很多人都是理不清楚自己的目标的。曾经在一堂培训课上，老师让我们部门所有的人都列了自己的目标。

同事A的目标是当老板。

A是我们同事中公认的好吃懒做、做事不积极的类型，而且家境也不好。他想做老板的原因是："做老板时间完全自由，想干什么就干什么，不想干什么就不干什么。"

做老板，需要广博的学识、丰厚的资本、靠谱的人脉，以及强大的审时度势、知人善任的管理本领，而他什么都没有，只想着享受当老板以后的轻松和乐子，试问，这天下哪有一个老板是好当的？除非你是亿万富翁的独子，你老爹由着你败家。

如果你是为了实现自己的抱负，你就是想做出一番事业来，你不怕苦、不怕累，执着前行，那么你的目标才是做老板。然而如果像A一样，那么他的目标并不是做老板，他的目标应该说是：想自己的时间自由，不用上班，躺在床上还有钱花。

那么完成这个目标，他就有很多种做法了，不仅仅是做老板，还可以做一名床垫的试睡员、酒店试睡员，等等。

Assessment：评估完成目标的机会和风险、优势和障碍

当你设定好一个清晰的目标，接下来你要做的便是对你的目标进行分析，找出你当前所面临的机会和风险，优势和障碍。

对自己的现状有一个合理的分析，不仅能够让你看清自己的劣势，更合理、更客观地看待自己的目标，还能让你对自己的目标有一个大致的把控，发挥自己的长处规避风险。

例如同事A，当他开始分析自己的目标时，他便会发现其实自己对于哪个领域都不擅长，自己做起老板来根本没有资本和信心，那么他就可以重新考虑换一个目标了。如果他将自己的目标定义为酒店试睡员，那么他便可以分析酒店试睡员的薪资和他目前工作的薪资、工时等方面的差距，并且考虑自己是否能接受这样的差距。

Idea：寻求完成目标的大方法

如果你确立了目标，并且进行分析后觉得自己的目标切实可行，并且风险都在你可以掌控和可以承受的范围内，那么这个时候，你就可以寻找完成目标的大方法了。

在开始动手之前，你不必面面俱到地详细规划，但是你必须通过查找资料、搜集讯息的方法让自己快速掌握完成目标的大方法，抓住一些关键性的节点，将自己的目标逐步拆分开来，一步步去完成。

Next step：落实到行动中

光靠有目标和合理的分析是不行的，寻找到了达到目标的大方法后，还需要对其进行合理的规划，并且按照自己找到的方法一步一步地落实到行动中！任何完美的方案没有被落实到行动中都只是空谈和泡影。所以无论你的目标是大是小，是短时间可以达到的还是需要长时间去积累的，你都要按照自己的计划将其落实。保证自己的行动力是完成目标最最重要的保证！

Support：确保得到支持

其实很多人，做事情失败的原因不是因为他没有清晰的目标和合理的规划，也不是因为他行动力不强，而是因为他并没有得到应有的支持。

如果你对于一个项目非常看好并且有了合理的规划和解决方案，那么首先你应该得到你老板的支持，如果你需要一定的人力和物力，那么你就需要在资金和人员方面确保自己得到支持，这是非常重要的。

你必须明确自己有什么需求，并且合理地去确保自己的这些需求都能得到应有的支持，俗话说巧妇难为无米之炊，你不希望你一腔热血的事业最后却因为财力或者人力不够而草草收尾吧？

除了这些，很多时候，我们还需要得到合作者的支持、需要得到朋友的支持，也需要得到家人的支持。这些支持对于我们来说同样重要，他们的意见有助于我们认清现状，他们的支持会在我们遇到困难的时候帮我们渡过很多难关！

如果你能将这几方面都搞定了，那么你就离你的目标不远啦！

时间的四象限法则：解决重要且不紧急的事情

时间的四象限法则是由美国管理学家科维提出的时间管理理论，顾名思义，他将个人手头上的工作或事件按照重要和紧急两个维度进行了划分，分为四个象限，即：紧急又重要、重要不紧急、紧急不重要、不紧急不重要。

紧急又重要的事件包括一些突发性的必应事件，例如客户投诉；危急事件，例如财务危机；还有造成持续压力的问题处理，例如即将到期的工作任务等。

既不紧急又不重要的事件包括郁闷发呆的时间、没事找事、不懂拒绝的盲从、情绪化的反应等，例如上网、办公室闲谈、写博客等。

这两个象限的概念都很好区分，较难区分的两个概念是紧急不重要的事件和重要不紧急的事件。

紧急但不重要的事件大多为被动应答的一些事件，包括一些被动的电话、被动的会议，以及一些临时应对性事件。例如电话铃声、客人突然到访等。

而重要不紧急的事件则包括能力的提升与学习、高价值的坚持、长远的规划发展、关系与资源的维护、健康的保持和心态的调整，等等。例如，技能培训、建立人际关系、制定紧急预案和保险措施等。

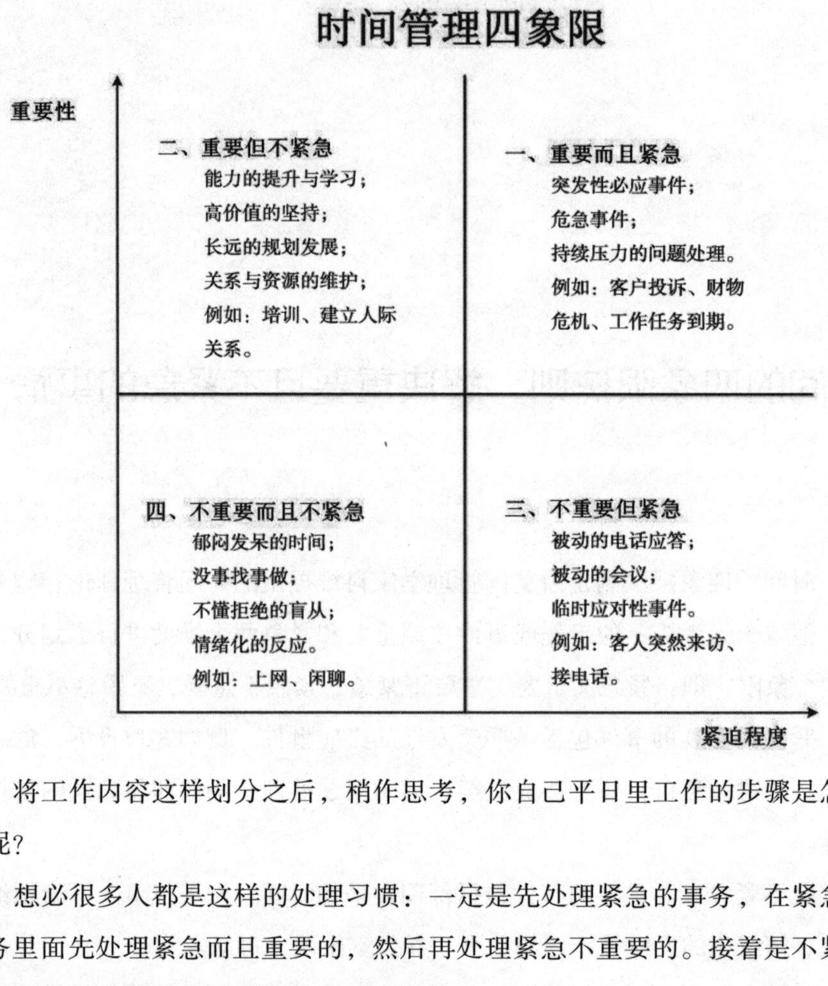

时间管理四象限

重要性

二、重要但不紧急
能力的提升与学习；
高价值的坚持；
长远的规划发展；
关系与资源的维护；
例如：培训、建立人际关系。

一、重要而且紧急
突发性必应事件；
危急事件；
持续压力的问题处理。
例如：客户投诉、财物危机、工作任务到期。

四、不重要而且不紧急
郁闷发呆的时间；
没事找事做；
不懂拒绝的盲从；
情绪化的反应。
例如：上网、闲聊。

三、不重要但紧急
被动的电话应答；
被动的会议；
临时应对性事件。
例如：客人突然来访、接电话。

紧迫程度

将工作内容这样划分之后，稍作思考，你自己平日里工作的步骤是怎样的呢？

想必很多人都是这样的处理习惯：一定是先处理紧急的事务，在紧急的事务里面先处理紧急而且重要的，然后再处理紧急不重要的。接着是不紧急但是重要的，最后是既不紧急也不重要的。

这样的处理方法对吗？看上去似乎是没什么问题，其实是大错特错了！

我们按照四象限法则处理工作的正确顺序应该是：首先是紧急且重要的，接着是重要但不紧急的，然后是紧急但不重要的，最后是既不紧急也不重要的。

为什么重要但不紧急的事情和紧急但不重要的事情要调换顺序呢？

另外，时间的四象限法则还提出了一个观点：其实一个人想要长远而良好地发展，需要将65%的时间花费在重要且不紧急的事情上，但是我们大部分人却将大部分的时间花费在了紧急但不重要的事情上！

为什么会这样呢？我们先来具体分析一下这四个象限。

第一象限是紧急且重要的事情，为什么事情会变成紧急呢？也许是因为很多事情都是因为我们一拖再拖或者事先准备不足，而变成迫在眉睫。该象限的本质其实是缺乏有效的工作计划导致本处于第二象限“重要但不紧急”的事情转化而来的，这样的人通常的状态就是：忙。如果第一象限的事务过多，我们生活和工作便会进入一种疲于奔命的不健康状态——被事情牵着鼻子走，最后越来越受挫，越来越失败。

第二象限重要但不紧急的事情，这一象限内包含的事情将影响到我们的生活品质和工作质量，如果这一象限的事情被荒废，则会导致第一象限“重要且紧急”日益扩大，使我们陷入更大的压力，在危机中疲于应付，并且成效也不会太高。相反，如果在这个象限的事情上多下功夫，多投入时间，则会不断减小第一象限，使我们的工作和生活更加有条理。这是一个能极度提升个人领导力的领域，建议管理者将自己80%的时间都投入到这个领域中，使自己第一象限的事情不断减少，不再瞎忙。

第三象限是紧急但不重要的事情。这个象限因为“紧急”的原因，总会让人产生“重要”的错觉。因此它会披上第一象限的外衣，将我们绕进去，令我们不停地在其中打转转。但是要清楚地区分清楚第一象限与第三象限事情的区别，第一象限的事情是能为你带来价值的，而第三象限却不能。我们在这个领域花费过多的时间其实只是满足了别人的期望和标准，对自己没有任何意义。

第四象限是不紧急也不重要的事情。简而言之，这一象限中的事情就是在浪费生命。但是请注意，这并不是说所有的休闲娱乐活动都是没有意义的，相反，真正有创造意义的休闲活动是很有价值的，例如看书能陶冶情操，提高人的涵养，应该属于第二象限，但是看多了没有内涵的小白文那就是完全在浪费时间了，这当然就是第四象限的事情了。

第四象限中的事情多指由某些情绪或者不良习惯引发的事情，包括无谓的争吵、不解决问题的争执、心里不舒服的发呆和喝闷酒等。

这就是对于工作进行四象限划分的根本原则，看完这些，你应该对这四个象限内的事务有一个基本的了解了吧？那么这四个象限内的事务，我们应该本着一个什么样的原则去处理呢？请看下图：

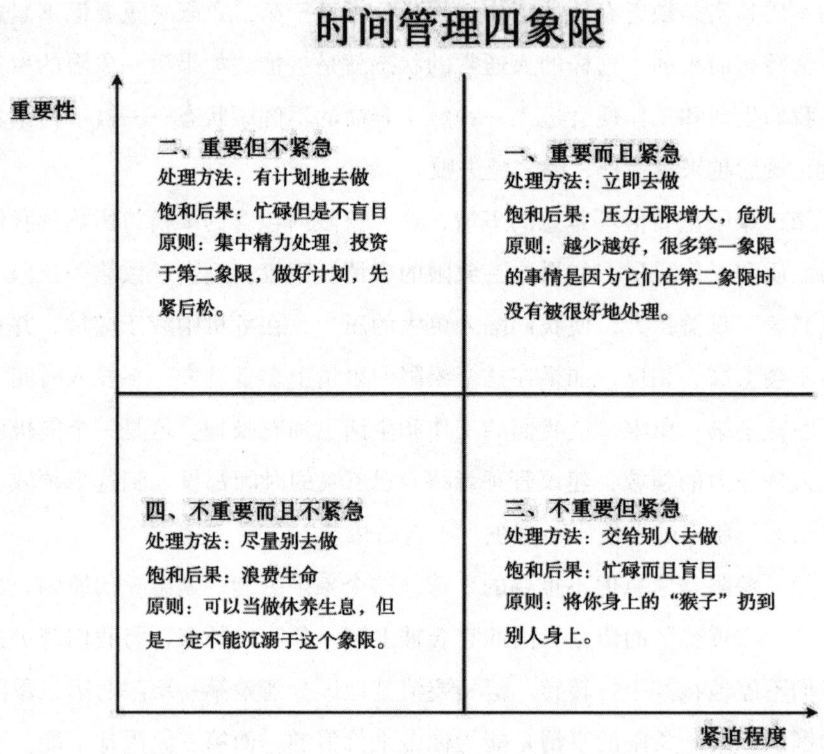

时间管理四象限

重要性

二、重要但不紧急
处理方法：有计划地去做
饱和后果：忙碌但是不盲目
原则：集中精力处理，投资于第二象限，做好计划，先紧后松。

一、重要而且紧急
处理方法：立即去做
饱和后果：压力无限增大，危机
原则：越少越好，很多第一象限的事情是因为它们在第二象限时没有被很好地处理。

四、不重要而且不紧急
处理方法：尽量别去做
饱和后果：浪费生命
原则：可以当做休养生息，但是一定不能沉溺于这个象限。

三、不重要但紧急
处理方法：交给别人去做
饱和后果：忙碌而且盲目
原则：将你身上的“猴子”扔到别人身上。

紧迫程度

对于重要而且紧急的事情，不用多想立刻去做。而对于重要但不紧急的事情，要制定好计划一步一步地去实施完成，但是一定要注意在这一个象限上多花费一点时间，避免第二象限的事务转化为第一象限的。对于一些很紧急但是不重要的事情，尝试着将这些事情交给别人去做，减轻你自己身上的负担。至于不重要且不紧急的事情，当然，能不做就尽量不要去做了。

总结上文，在你将自己的工作和事务划分到四个象限后，都要谨记以下几点原则：

1.清晰地区分第一象限“紧急且重要”和第三象限“紧急但不重要”，第一象限会为你产生价值，而第三象限则不能；

2.在重要但不紧急的事情上至少花费65%的时间，甚至更多；

3.对第二象限“重要但不紧急”的事情再重视都不为过。

4.处理好时间的四象限之间的关系，并且合理、有目的性地规划自己的生活和工作，将时间的控制权牢牢掌握在自己的手中，你的人生将会越来越进步，越来越精彩！

请拒绝盲目的加班

与时间的划分的四象限类似，职场中的人也分为四类：聪明且勤奋，聪明不勤奋，不聪明不勤奋，不聪明且勤奋。

我看过很多分析职场人群的文章，关于这四类人的分析我也看过很多。在很早之前，我认为一个“不聪明且不勤奋”的人是非常可怕的，他会对公司造成非常重要的影响，因为他不聪明还不勤奋。

然而几年的职场生涯让我明白了很多道理，其实职场之中最可怕的是那些“不聪明且勤奋”的人！

一个“不聪明且不勤奋”的人，虽然对公司来讲没有什么太大的价值，也不会创造什么过高的收益，但是他中规中矩，就像是一个透明人一样，没有太大价值却也没有任何危害。可是，那些“不聪明且勤奋”的人，时时刻刻都在为身边的人传递一个观念：虽然我不聪明，可是我可以用时间来弥补啊！我勤能补拙呀！

我们生活和工作的环境并不是一个纯粹靠业绩来展现个人的平台，因此这种不聪明但勤奋的观念很容易在职场当中被普及开来，这样的观念一但普及开来，必然导致整个公司的效率低下！

其实很多公司现在已经开始着手抓这种“伪加班”行为了，因为企业家们已经意识到了这种“不聪明且勤奋”的人就是在公司埋伏下的一颗地雷！

我待过的游戏行业恰巧是国内加班最风行的行业。在半年前，我就遇到过一个项目经理，他叫CC，上海交大研究生，38岁，看上去成熟稳重，很有学识。

他很有事业心，刚刚接手项目的时候勤勤恳恳、早出晚归，每天早上他第一个到办公室找大家开早会，晚上一定要等到11点再回家。每当我们同事聊起自己的老婆孩子的时候，从来听不见CC插嘴。整个团队不禁心生敬佩，这是为了工作家也不回、觉也不睡，连老婆孩子都不要了的节奏啊！

其实私下里，大家心里也打了小鼓，遇上了工作这么拼命的小老板，我们要不要也留下来多加加班呀？可是加班不是什么好事，能不加班的情况下谁愿意加班啊？

可是，某天晚上总监由于落下了东西回公司来取，结果就看见了CC一个人还在工位上，对他大加赞赏也对团队的其他人极其不满！第二天，总监就召开了全组会议，要求大家要拿出项目经理的精神来，把120%的精力全部用在工作上！为了项目的进展，最近一个月，全组晚上11点再下班！

虽然对于加班人人不满，但是总监面前谁敢说个不字？而且还有那么光辉伟大的项目经理形象做范例，谁不加班谁就是不任劳任怨，谁不加班谁就是不负责任！

于是，如火如荼的“加班月”开始了。可是，这一个月完成的绩效好吗？不仅不好，项目的进度也只有先前的60%！

为什么会这样呢？

一个人如果真的爱他的工作，那么他会全身心投入，什么加班加点、通宵达旦都不在话下。但问题却在于，职场中99%的加班都源于被逼迫，迫于某种加班制度，迫于某种加班文化，迫于某种加班氛围。很多人一边默默地加着班一边吐槽加班是浪费时间消耗生命，这才是大多数加班公司中的职场现状！

和CC相处了一段时间，我真的觉得他并不是一个带团队的好料子。虽然大家每天的工作时长近乎延长了一倍，可是他对项目的把控和安排能力却并不比前任项目经理好，每日大家手头上要做的工作不仅不会增多反而还在减少。

更长的工作时长，更少的工作任务，造成的是什么呢？更低的工作效率！办公室所有人每天都要装出一副很忙的样子来不至于让自己和别人显得不同。

我们是游戏行业，公司有非常完备的任务管理系统和责任分配制度，更是有全国顶尖的ERP系统和工作流程，每天早上大家只需要在内网上打开链接，便可以看到整个团队的任务单和自己当前任务单的进度。

这么先进且一目了然的东西被CC全然视而不见！他将项目的任务管理和目标管理回归到了最老的模式：开早会。开早会就算了，他还要团队中的每个人在早会上将自己昨天所做的所有工作跟大家汇报一遍！最开始的时候，一个早会开一个小时就完了，但是后来，每个人都为了显示自己昨天完成的任务多，故意将一句话拆分成三句说，一个早会就这样洋洋洒洒地开了三个小时！

然而，CC不仅不觉得他开早会这种方式极其浪费时间，反而还觉得大家早会上汇报的内容越来越多一定是工作做得越多，嗯……团队有进展，自己带得好！简直蠢哭！

还有更不能容忍的一件事情就是，明明他可以坐在工位上花一分钟就通知到所有人的事情，也非要将所有人都喊到会议室去开会。他先吼一嗓子宣布开会，然后大家手头上有事的赶紧停手，没事的等等有事的，十几分钟过后终于人都到齐了，然后开始说事。一句话加一句开头再加一句结尾顶多都撑不住5分钟，于是他就要东拉西扯地说些废话将会议撑满10分钟。终于开完了会，一票人又浩浩荡荡地回自己的工位上去，刚才工作中的状态已经被打断了，于是喝水的去接水了，闲聊的去闲聊了，上厕所的去上厕所了，哪都不想去的索性刷一会儿朋友圈再工作。

就这样，原本一句话就能够搞定的事情，前前后后被折腾了将近一个小时！在这样的团队中加班，很有成就感吗？

本来大家每天早上一到公司便全身心地投入到工作中，中午休息片刻，晚上早早回家。而加班了一个月，大家的状态变为：早上到公司后先想早会内容，一个早会开完一早上的时间基本就没有了，刷刷微博微信朋友圈然后就准备吃午饭了。下午脑袋本来就昏昏沉沉的，可是没关系，工作可以慢慢地做，反正还有晚上加班的时间呢。由于大家在工作的时候并没有投入足够的专注，导致错误率也非常高，修修补补就到了晚上下班了。

什么？今天的工作还没做完？可是我今天都加班到11点了，谁还好意思说我啊？

可是，为什么大家还愿意在这样的团队中陪着CC这样的不聪明上司演“中国好员工”的戏码呢？因为，整个团队都被一种不健康的文化和氛围所侵蚀！

我这里所讲的“聪明”与“不聪明”并非指的是智商上的差距。如果说智商上的差距，那么我们很多人可能都不如CC，因为他可是上海交大的研究生啊！我这里所说的“聪明”是相对性的，它指的是一种工作方法。

当你在某一行成了一个“聪明人”，那么“加班狗”这个帽子就会被你永远摘掉！

“聪明”还是一种工作的方式。聪明人都特别具有经济学的头脑，他们最看重的是“时间成本”，他们不允许任何一秒钟的浪费。一个职场中的“聪明人”，绝不允许自己的时间花在刷微博、聊微信和各种无意义的开会中。无论是苹果的乔布斯，还是微信的张小龙，他们都是绝顶聪明的人，也都是极度讨厌开会的人。

很多时候，我们会看到那些功成名就、牛哄哄的创始人、CEO一边经营管理着庞大的公司，一边还能够一年阅读一百本书籍，还能每个月和父母妻儿出国旅行，他们还能登上珠穆朗玛、玩摄影拿金奖，还能写出各种畅销书，同时还能保持养生，每天11点前必定睡觉。他们为什么有那么多时间？

原因很简单，他们都是“聪明人”，他们所从事的的工作都是自己极度热爱的，因此他们在工作的时候就能百分之百地投入，获得一个极高的工作效率。他们拒绝一切无意义的开会、繁琐的流程、无效的聚会。在工作结束后，他们能够将工作完全忘记，让自己全身心投入另一个世界里。这才是人生赢家啊！

拒绝三分钟热度，控制自己的激情

生活中，我们往往在最开始接受一件事的时候，特别有激情，但是过了几天，激情便随着时间逐渐流逝了。而且激情的流逝往往伴随着这样的规律：刚开始的时候激情越高，流逝的也就越快。

激情和兴趣并不是越大越好，而是我们将它控制在一个合理的范围内，激情才能产生它最大的效力。

其实激情就犹如那水龙头里流出来的水，只有水流量适中才能将碗接满，如果水流量过大，无论你打开水龙头多长时间，你的碗都很难接满，反而浪费了很多水资源。

所以，对于激情，要激发，但是也一定要控制。一定要明白细水长流的道理。

激情过剩或者是三分钟热度，都不是一个很好的习惯，尤其是在成功和赚钱这两件事上。没有一个持之以恒的坚持态度，无论是做什么，都会面临失败的危险。无论你从事什么行业，从什么事业起家，都贵在坚持。坚持是一个成功的人，尤其是有钱人的必备品格，这品格能让每天一丁点的小改变最后汇聚成大不同，由量变产生质变。

那么，就有人开始疑惑了，为什么我在最开始的时候，激情和热度都高于别人，为什么最后，别人成功了，而我却没有呢？让我们继续用拧水龙头来形象地解释这个问题。

水流小但却源源不断地涌出水的水龙头，虽然每次放出的水量较小，但是却能够很快地接满整碗，而开得很大的水龙头，即使流出了很多水，也难以短时间内接满一整碗，甚至是根本就接不满一整碗。

或许大家都听了很多“鸡汤”，觉得要做成一件事情一定要有激情，然而我这里想说的是，一定要合理控制好自己的激情，这样才能长久，才能有用。

那么，根据上面提到的拧水龙头的比喻，我们是否应该反思自己，什么是那只碗？什么是那个水龙头？

诚然，工作中，我们就是那个水龙头，流出来的水就是我们的热情和动力，但是对于形形色色的碗，我们并不是将自己的水流量开得越大越好，还要注意此时此刻的碗是多大，合理安排自己的水流量。

其实这个道理在我们生活中非常普遍，我们来看个例子。

这个例子是发生在我朋友身上的，他所在的公司就是如今大名鼎鼎的互联网王国——腾讯。

朋友在腾讯待了5年，兢兢业业，勤勤恳恳，和整个团队合作共事也非常顺利，一路升职加薪已经成为部门的小领导。在互联网行业，只要一个项目做成了，那么就意味着整个项目的人从此飞黄腾达、鸡犬升天，就像是张小龙的微信，就像是马云的淘宝。

我这个朋友，终于在升职之后，迎来了自己人生中第一个自己主宰的项目。这个项目不大，比较好完成，而且公司上层已经立项并认可了这个项目，如果项目做得不错，将利用腾讯的大平台进行推广宣传。

这么好的机会，我们这些人都羡慕他，时不时地开玩笑“苟富贵，请吃饭”。这位朋友也确实努力认真，上即时通信工具和我们聊天的时间也越来越少了，和我们聚会吃饭的次数也越来越少，以至于有一段时间我们都忘了他了。结果，过了大半年，这位朋友又出现了，我们满怀期待地问他项目如何，他简洁地回答了两个字：死了。

一帮好友皆叹息，这看似稳赚不赔的事情，怎么突然间就死了呢？

闲暇时间，一堆人约出来吃饭，聊了很久，他的项目死掉的原因，恰恰就是因为热情度过高，激情过剩。

我这位朋友在拿到这个项目的时候，非常开心而且非常有激情，将所有的骨干都叫在一起开会，在他的一番解说之下，团队的骨干也都激情满满、干劲十足！于是所有人立刻投入，很快便想出了一个不错的方案来！可是，这个方案敲定了还没两天，团队成员便又想出了新的点子，于是大家一合计，不错！于是就又加班加点地去做这个新点子。

在做完这个新点子之后，又发现之前有些设计的地方和这个新点子有些不匹配。不匹配怎么办？改呗！在这样一个充满激情的团队里一定是说改就改，不允许自己的产品有瑕疵的！

只要有激情，人的潜能就是无限大的，这句话一点都没错。于是，在接下来的一个月里，团队里不断有新点子冒出来，不断有新方案替代旧方案，就这样修修改改，改改修修，三个月过去了，项目距离完成还有很遥远的距离！

现状差强人意，不如人所愿，团队里的人原本像是吹饱了气的气球，一旦泄气那是相当的疲软，在这种氛围内，大家开始焦躁不安，开始彼此怀疑，开始不相信自己那么完美的方案最后怎么什么东西都没做出来呢？

于是，最先着急了、最先沉不住气的几个骨干开始有了争执，为一个方案双方搁置不下，因为之前已经投入了那么多激情和精力了，在这个紧要的时刻怎么会让步？怎么会接受自己认为并不是那么完美的方案呢？

然而，大家整天加班也已经疲累不堪，最后想做最初的那个方案草草了事，可是程序员都已经熬不住加班，效率相当底下，最后项目只能以死亡告终。

所以，将自己的激情控制在合理的范围之内，哪怕是一股小细流，那也能接满整个碗，只是需要时间。而如果你任由自己的激情随意扩散，那么汹涌而来的激情会冲散掉你前面所有的积累，让你东奔西忙，很难接住一碗足够量的水源。

所以，中国有一句古话叫作：慢慢来，比较快。

处在社会中，我们不怕慢，只怕站。

第四章

智能时代的高效时间管理方法

阅读本章，你将会收获一种高效便捷的生活方式，享受智能时代所带给人类的便利，结交一位和你共同进步的新朋友。

迎接智能，拥抱改变

智能时代为我们的生活提供了很多便利，如今我们足不出户便可尽知天下大事。我们可以在网上购物、网上订餐、网上学习、网上视频……所有衣食住行的基本问题我们基本上都可以在网上解决。

但是智能的时代日新月异，每一天互联网都能为人类提供更加便捷省时的新服务，在面对林林总总的APP和网页时，你的思维是否跟得上如今的互联网发展的节奏呢？那些早已在网上可以办理的事情你却毫不知情，如今依旧在跑腿呢？网络发展为人类的生活节约的时间，你是否合理地利用了呢？

然而，互联网带给我们的不仅是“时间的节约”，还有很多“时间的浪费”，比如长时间刷朋友圈、长时间刷微博、拿着手机看剧一刷就停不下来……这些我们称之为“网瘾”，如今也有一种新名词叫作“手机综合征”。

面对这些问题，我们如何区分又如何抉择呢？看完下面的内容，希望对你的生活能有所帮助。

生活服务，网上一步搞定

随着互联网时代的发展，我们的生活方式已经全然被改变，吃饭购物、影视娱乐、学习充电都可以在网上轻松搞定。而原来的一些会消耗掉我们大量时间的生活上的事情，都可以在网上轻松搞定！

其实，你所能想到的任何生活服务都已经可以在智能手机上一键办理啦！

支付宝、微信支付、网银支付等功能现在已经越来越成熟了，我们只需要绑定自己的银行卡便可以实现购物，充话费，缴纳水、电、燃气费等各种费用！除此之外，支付宝上还能查询个人公积金，查看电子监控违法记录，查询驾照违法记录，办理出入境证件，等等，甚至还能预约医院挂号！

这些事情，如今只需要在智能手机上轻松搞定！

你还以为支付宝只能用来在淘宝上买东西付款？你早已经out了！

1.支付宝可以缴纳水费、电费、燃气费等一切家庭费用

打开手机支付宝，便可以看到如图1所示的支付宝主界面，向下拉则可以看到如图2所示的界面：

图1.支付宝主界面图　　图2.主界面的下拉界面

在图2中，我们可以看到【生活缴费】选项，点击“生活缴费”，则可以进入到如下图所示的界面：

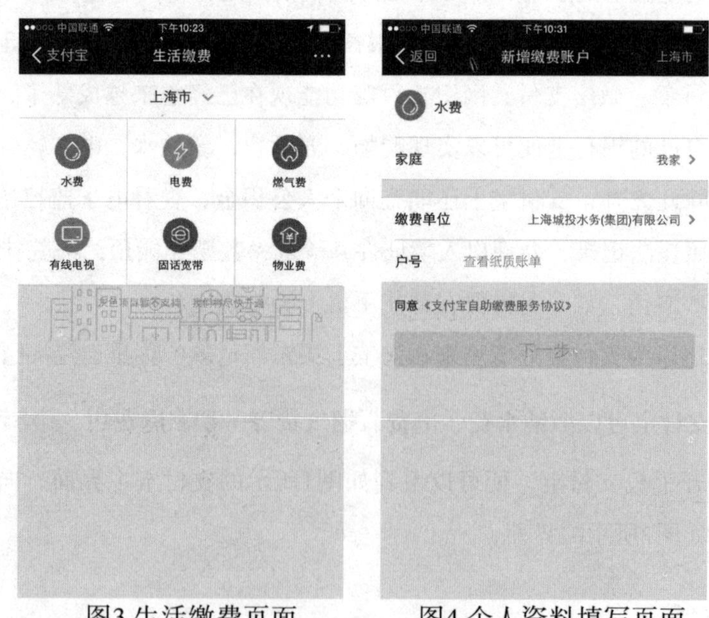

图3.生活缴费页面　　图4.个人资料填写页面

进入到如图3所示的界面后，我们可以看到水费、电费、燃气费、有线电视、固话宽带、物业费等六个选项，点击选择你需要缴纳费用的项目，则会跳转到缴费界面。

如果是之前没有使用过支付宝缴纳过生活费用，那么需要你根据提示进行新增缴费住户，如果你之前已经注册过了，那么点击相应的缴费选项后可直接跳转到你的家庭信息缴费界面！

怎么样？其实生活缴费也变得很方便了吧？从此再也不用跑很远去电力公司与燃气公司缴纳费用啦，打开手机，5分钟即可快速缴费！

2.支付宝还可以查看自己的违章记录

支付宝还可以用来查看自己驾照的违章记录，实时违章提醒，并且可以预约车辆年检！这些功能你都知道吗？

我们依旧是打开支付宝，进入到支付宝主界面，如下图5所示。从图中我们可以看到一个【城市服务】选项，点击进入到“城市服务”项目中，我们可以看到如图6所示的界面：

图5.支付宝主界面　　图6.城市服务界面

在图6中，我们可以看到【车主服务】项目，共有电子监控违法、违章提醒、驾照违法查询、车辆年检预约等四个选项可以选择。

查看电子监控违法的，首次查询的用户需要输入自己的车牌号和发动机型号，如图7所示，输好之后，点击【查询】按钮即可快速查询！

车辆违法查询首次查询的用户需要输入自己所在的城市、车牌号和发动机号，如图8所示。此后该车辆有违规行为，您将会收到一条微信通知。

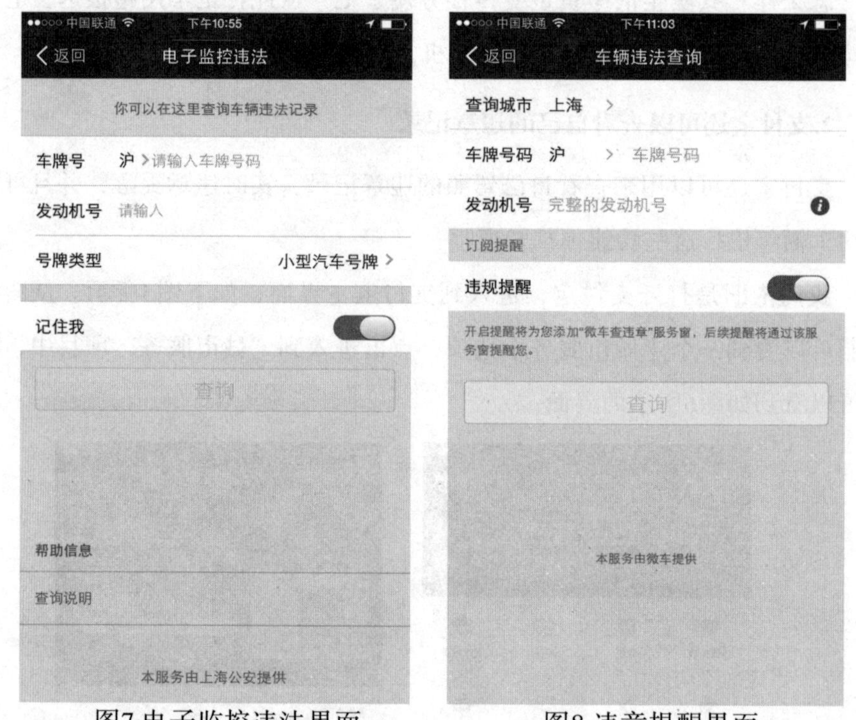

图7.电子监控违法界面　　图8.违章提醒界面

驾照违法查询首次登录需要输入您的驾照号码和驾驶员档案编号，如图9所示，输入之后点击【查询】按钮即可查询该驾驶证的违法信息。

车辆年检预约，如图10所示。点击界面上的预约验车，则可以进入到预约界面，填写完整您的个人信息，点击【提交预约】就可以轻松预约年检验车啦！

图9.驾照违法查询界面　　　　　　图10.车辆年检预约界面

3.支付宝可以查询自己的公积金、医保金和养老金

同样是在生活服务界面，将页面往下拉，便能看到如下图所示的界面，如需办理只需要点击进去即可，此处不再赘述使用方法，根据提示即可轻松玩转。

4.支付宝可以完成出入境证件办理预约和结婚登记预约

早已经厌烦了排队！可以网上预约出国出境护照的办理哦！

在此，我只介绍一些支付宝和我们生活关联比较大的功能，还有很多小功能，读者可以自己挖掘一下！不仅是支付宝有这么多功能，微信也有这些功能，喜欢用微信的朋友不妨也去挖掘一下微信的隐藏功能哦！

既然如今的互联网和移动互联网这么发达，能在家里办好的事情，就不要再出去跑腿啦！

看病就医就一定排长龙?

你是否也有过“就医难”的体验?生了个小病,去医院看医生,结果挂号、排队看诊、排队缴费、排队检查、排队买药,这一套流程走下来,半天的时间都没有了?而且越是好的医院,患者越多,无论你哪一天哪个时间段去,医院都是人满为患的。

有没有什么方法能解决就医的时间成本问题呢?或者有没有什么方法能减少我们在医院所消耗的时间呢?

其实,随着互联网行业的发展,节省时间成本和中间环节的概念早已经渗透到了医疗行业,“智慧医疗”已经在各大医院逐渐普及开来,排队挂号的模式早已经过时了!

其实时间观念强的人,他们在就医上也自有一套省时省力的做法。

首先,请正视你自己的疾病,分清大病小病,没必要慌张。随着人们教育水平的提高,家庭主妇一般都会懂一点医疗常识,不懂的人也可以通过书籍或者网络稍稍了解一下一些家庭基础防护措施,这样在遇到疾病的时候才会不慌乱,在遇到突发情况时也能有一个正确的应对办法。

学习一些家庭基础医疗知识,绝对是一件一本万利的事情,你只需要花一定的时间去看几本相关的书籍，往后您的全家可是一辈子受益的！

对疾病有一个清醒的认识后，我们就不需要那么盲目地崇拜有名气的医院或者有名气的医生。一些简单的治疗手法和用药习惯自己在家中便可以尝试，一些常规的医药也可以在家中平时就备着。没必要孩子胳膊上被蚊虫叮咬了还要急火火地抱着孩子去医院看诊吧？

当然，有很多小疾病是我们自己在家里不能解决的。比如说，你自己确定你自己是拉肚子了，但是不知道吃什么药；你背上长了好几个痘痘，不知道该吃什么药清热去火；你知道自己只是受凉了感冒，但不确定自己该吃什么药。

这些看似是小问题，但是却找不到解决方法的疾病，我们也不需要非得跑到医院才能解决。这种问题，一般有两种解决办法。第一种办法，找到就近的药房，对药房的药剂师陈述你的病情，他们会给你建议服用的药物，你只需要按照药剂师的医嘱合理用药即可。

第二种方法如今也是非常流行的一种看诊模式：互联网看诊。现在有很多网站或者APP都支持在线问诊服务，例如：春雨医生、寻医问药网。在这些互联网平台上，你可以找到相应的诊室的医生，并且可以跟医生详细地描述你的病情，让医生给你一个合理的正确的诊断。而且，在这些平台上，患者的简单问诊是不收取费用的，用起来却极其方便省时。

但在很多情况下，我们患病是不得不去医院的。有时候出于对网上看诊的不信任，有时是需要做一些常规检查。在这种我们非去医院不可的情况下，我们又该如何利用互联网来节省自己的时间呢？

我还是学生的时候，就在就诊上花费过很多很多的时间。那时候我患上了咳嗽，父母其实没有太多的医疗常识，并不能区分我的咳嗽是肺炎、是感冒，还是咽炎。于是，父母就决定带我去当地比较好的医院去诊查。那个医院患者人数之多是出了名的，于是为了当天能看诊不耽误我的课业，我母亲早上五点半就起床去医院的挂号窗口前排队，排到早上八点医院上班，挂了号之后等我可以看诊了，其实已经到了下午两点左右。

其实，在那个时候，大家有一个普遍的共识：好一点的医院的号，如果八点之前还没去排队，那么当天的号就已经被挂完了。我是亲眼见过有人铺着报纸睡在挂号窗口前面的，因此对于这种事情，至今记忆犹新。

然而现在，吃饭购物都已经方便了很多的年代，医院挂号可以更方便快捷吗?

当然可以！其实智慧医疗如今已经深入覆盖到了各大医院，只是民众普遍还没有完全清楚这些便利的所在罢了。

如今，就医挂号，你至少有三种网上的途径可以选择！

第一，直接在该医院的官网上挂号。如今随着互联网的普及，国家已经要求各类三甲及其以上级别的医院在网上开放其普通和专家门诊的诊号，患者可以在网上进行挂号和预约看诊，这样不仅省去了很多排队挂号的时间浪费，也合理地规避了排不上号去医院白跑一趟的问题。

第二，如果你不常用电脑，反而手机用得多，那么你可以尝试另外一种挂号模式——微信挂号。如今现在很多医院都有自己的微信公众平台，你可以直接在其微信公众平台上进行挂号预约。

第三，使用第三方挂号平台，推荐挂号网。挂号网目前有网页PC端和手机客户端两种模式，你可以在手机上下载挂号网APP，搜索相应的医院进行挂号服务，或者直接通过电脑在挂号网网站上进行挂号操作。只要对电脑稍有了解的患者，点击搜索该网站，根据相应的步骤进行操作即可，简单快捷，一步搞定！

其实，不同的城市，对于医疗系统都有一些便捷的措施，你可以在医院里询问客服人员或者询问身边的朋友进行了解。现如今，去医院排长龙的时代已经过去啦，合理地安排并利用好自己的就医时间，会让你生活中的“不确定性时间浪费”减少到最小哦！

利用软件，提升工作效率

智能时代带给我们最鲜明的“物品”就是各种各样的网站和手机移动应用，随着应用市场的繁荣，能为我们工作和生活提供帮助的软件越来越多，我们如果能取其精华，合理地利用这些软件，将会对我们的工作效率有大幅度的提升！

在这里，我为大家介绍两款我用过的软件，番茄工作法和印象笔记。

软件：番茄工作法/疯狂番茄/番茄时钟

番茄工作法是由管理学家弗朗西斯科·西里洛创建的一种微观时间管理方法，它相较于一般的时间管理理论更加简单易行。

根据西里洛的番茄工作理论，他建议创建一个任务列表，并且将自己大段的工作时间划分为以25分钟为一个单位的“番茄时间”，每一个番茄时间内，只专注做一件事情，中途不允许做与当前任务无关的其他事情，当番茄时间结束后，可以适当进行休息。每四个番茄时间，可以多休息一会儿。

西里洛在他的理论中指出，利用番茄工作法可以极大地提高工作效率，并且可以让使用该工作法的人获得很大的成就感，从而喜欢上自己的工作。

基于西里洛的理论，很多软件应运而生。这些软件都满足番茄工作法的基本原则，你只需要下一个软件，便能用它来合理安排自己的工作。

与番茄工作法相关的时间管理软件非常的多，但功能上都是大同小异，你可以根据自己的颜色和界面喜好自由选择，在这里我只着重介绍一款叫作番茄工作法的软件，其余软件的用法与这个软件大致相同。

番茄工作法的具体步骤为：

- 首先，你需要规划每天需要完成的任务，并且将任务输入到软件的清单里；
- 设置你的番茄时钟，每个时钟的时间段是25分钟；
- 开始着手做你的第一项任务，全身心地投入进去，不做任何与该任务无关的事情，直到番茄时钟结束的声音响起，即25分钟时间到；
- 停止工作，如果该任务完成，则在列表里清除该任务；
- 此时，可以休息5分钟，你可以上个厕所，接个电话；
- 休息时间过后，便进入到下一个番茄时钟中，这个时间段内将全部的精力放在完成下一个任务上，直到番茄时钟响起，如此循环；
- 每4个番茄时钟过后可以有一段较长的休息时间，时间可以自己定，但是建议20~40分钟左右，建议不要超过一个小时。

或许有人会有这样的疑惑，如果我正在一个番茄时钟内，发生了紧急的事件那该怎么办？

如果这件事是紧急又重要的事情，现在非做不可，那么就废除掉该番茄时钟，等事情做完了再开始一个新的番茄时钟，严格遵循番茄时钟的“番茄时钟内不得做其他事情”的规则。

西里洛提出，在番茄工作法的使用过程中，应该注意以下几点问题。首先，一个番茄时间是不能被切分开来的，也就是说不存在半个番茄工作时间，因此每一个番茄时间要么作废，要么有始有终。如果因为自己最初的控制力不足，而不小心做了其他事情，那么不要对自己手软，这段番茄时间哪怕只剩下五分钟了，都得作废。其次，不要用自己的番茄数据去和别人的番茄数据作比较，不同的人，不同的任务，完全没有任何可比性，番茄工作法只能让你更好地利用你自己的时间。

但是，番茄工作法适用于所有场合吗？其实并不是，它之所以叫作工作法，就是说它并不适用于非工作的生活场合，例如钓鱼、看电视这种娱乐行为，完全不能用番茄工作法来规划，在做饭的时候你也不能规定自己做3个番茄时间的饭。

番茄工作法可以帮助我们减轻工作太多或任务太重而引起的焦虑，并且提升个人的注意力，减少不必要的中断。并且在每一个番茄时间的使用中，还能提高我们的决策意识，巩固我们达成目标的决心。

但是，这并不代表番茄工作法就是你工作绩效的保护神，也并不是说你的番茄时间越多你的任务就能完成地越好。每个人都需要有一份适合自己的时间表和任务表，这样才能帮助自己合理地规划自己的工作，做到保质保量、心中有数。

软件：印象笔记

印象笔记是一款笔记类软件，有手机版和电脑PC版两种。用户可以采用图片、文字、声音等各种各样的方式在软件中记录自己的生活或者工作，应用起来非常方便。

我之所以推荐这款软件，是因为这款软件确实很强大，它包含了我们能对笔记类应用所做出的所有设想，并且适用于我们生活中的各个场合。

首先，它可以帮助我们制定计划，无论是当天的计划清单还是当月的计划清单，抑或是当年的计划清单，随手一输入，便可以实时查看。

其次，你可以对你笔记的内容进行分类，工作笔记、生活笔记、会议记录、网站信息，甚至是日记，只要你的分类足够清晰，你就可以随时随地创建自己想要的任何文档。

而且，该软件支持音频和视频的记录。生活中往往有很多有趣的时刻，我们拍下一张照片，录下一段视频，但是却遗憾不能用文字写在日记里，有了印象笔记就不用遗憾了，你可以使用它将各类图片、视频、音频文件添加到笔记中，轻松记录生活的美好瞬间。

当然，印象笔记作为一款工作效率提升软件，它的功能当然不止记录生活这么简单。录制会议记录，拍下合同文书，记录讲座内容，这对我们工作中需要用笔记录的环节都提供了方便。

印象笔记还有两个非常显著的优点，就是它可以实现云端存储和数据共享。

云端存储可以方便我们在不同设备上查看自己记录下来的资料，而不用随身携带自己的设备。

而数据共享则大大方便了我们工作中的团队协作。印象笔记可以创建分组，可以将自己的任务和资料分享给自己组内的其他成员，大家在自己的设备上便可以查看，不需要通过邮件或者QQ等第三方的传输模式即可完成。

印象笔记还有一个方便好用的功能是我非常喜欢的，那就是可以保存网页地址信息。平时我们在网上检索工作所需要的各种资料往往是需要打开很多个网页，或者在我们浏览到未来会对我们有价值的信息时，虽然我们现在不需要这些资料但是却想要将其保存下来以便后续查看。这时候我们一般的做法是将这个网页上的内容摘抄下来，不过时间一长，摘抄的内容就不知道去哪了，想要再找到那个网页却不那么容易找到了，而大多数时候我们连摘抄也懒得摘抄，就这样将资源给浪费了。

使用印象笔记便可以避免这个问题。它可以一键保存该网页，当你后续需要该网页的一些资料的时候，只需轻轻一点，非常方便快捷！

当然，能提升工作效率的软件不止这些，你可以根据你自己实际的工作需要进行下载和学习，请相信，磨刀不误砍柴工，当你熟练地掌握了这些工具之后，你的工作效率就会稳步提升哦！

运用手机的提醒功能，别太相信自己的记忆力

随着通信科技的发展，能帮助人们提高工作效率的软件越来越多了，我们已经不需要每一件事情都要靠脑子记忆了，有很多很多便捷好用的软件可以帮助我们做很多的记录和提醒。

我最最常用的功能就是手机的及时提醒功能，它可以设置提醒的内容、提醒的时间、提醒的次数，而且没有时间局限性。我觉得这个功能非常好非常方便，平日里用起来非常顺手，它可以帮我解决一切我大脑由于记忆力不足所造成的问题。

首先，我可以使用这个功能记录我每日的日程。我每天需要开几个会，什么时候开始，开会前几分钟提醒我，会议的主要内容大概是什么……这个功能极大地解放了我的大脑，我再也不需要清楚地记得每天都要开几个会，也不会再因为自己专注于做某一件事情而忘了时间，也不会再因为我自己的迟到而耽误大家的时间。每次开会前十分钟，我的手机就会自动震动起来，提醒我可以准备开会的事情，我就会收拾东西前往会议室。从那之后，同事都说我时间观念很强，认真谨慎，我知道是手机提醒功能帮了我的忙，让我做事更加有条理，不会忘事了。

其次，我喜欢用手机的提醒功能协助我过更加健康的生活。“每日八杯水”的养生理论几乎老少皆知，可是并不是所有人都能做到，而做到每天八杯水的人也不一定能合理控制自己每次饮水的时间。大家平时都忙，喝水这件小事，只要不渴就很容易被人遗忘。

我在手机上根据自己平时的习惯设定了喝水的时间，每天时间一到，手机就会提醒我“喝水时间到了”，我就会放下手头的事情去接一杯水，久而久之，就会养成习惯，对身体的排毒也大有好处。

同理，很多需要时效性的事件我都会记录在手机提醒里，这样我就不会因为遗忘而造成疏漏。而很多周期性的东西，比如说，固定三个月看一次牙医，每个月交水费、电费、煤气费的时间，每周和朋友约好的钓鱼时间等，我都会记录下来，这样一来，生活规律了很多，做起事情来也有条理了很多，再也不会手忙脚乱了，这为我省去了很多不必要的时间浪费。

手机提醒功能也在我的社交上帮了我大忙。

无论你和一个朋友的关系有多么好，你们有多么肝胆相照，你可能还是会因为繁忙而忘了祝福朋友一句“生日快乐”，继而让朋友有些失落；无论你多么爱你的老婆，多么珍惜你们的感情，可能你也会一不小心就错过了你们的结婚纪念日，继而引发一场夫妻大战；无论你多么重视一个客户，之前表达了多少对于他的重视，可能你遗忘了一个邀约，从此你们俩的合作关系就此告终了……

但有了手机提醒，这些事情发生的概率就会大大降低。不要太相信你的大脑，它难免会有疏漏的时候，为自己选择一个好的提醒模式，它会让你更加高效，为你节约更多的时间，解决更多的问题。

目前，智能手机已经很大程度上普及了，随便哪款智能手机上都有很简单的事件提醒功能，可是，并不是所有人都很好地利用了这个功能来为自己的生活提供方便。大街上用iPhone的人绝对不是少数，可是很多人都只将它当成一个通信工具或者游戏工具了，甚至对于有些人来说，手机只是一个手表，看时间的而已。

智能时代已经来临，智能设备现在基本上每个人都有，可是，光有智能设备是不行的，如何让智能设备智能你的生活，这应该才是科技发展最大的意义。

合理地利用手机的提醒功能，这才不算辜负了这些设备的“智能”。

推荐使用软件：奇妙清单。

分清你的“关注圈”和“影响圈”

马云曾说过这样一段话：“十年前我更关心全世界，结果我的日子过得非常艰难；五年前我很关心中国的命运，我也过得很艰难；三年前，我只关心公司的发展，我的日子开始好起来；现在我只关心我自己，结果越来越好。所以我说，关心好你自己，每个人把自己喜欢的事情做好，这个世界就会好起来，别像奥巴马一样关心全世界。”

随着互联网的发展，人和人之间的距离被越缩越短，这是一个信息爆炸的时代，是最好也是最坏的时代。社会学家说在当今这个时代，你想要认识一个完全陌生的人，只需要通过中间5个人即可。根据这个理论，专注于熟人社交和陌生人社交的软件应运而生，如微信、QQ、陌陌……无论是戴着红领巾的小学生还是须发斑白的大老板，这些社交工具人人都在用。

因为这些社交软件，许多互联网行业的新兴名词渐渐让人们耳熟能详起来。“朋友圈”“校友圈”……各式各样的人群都可以用“圈子”这个词语来进行划分。圈子是个很神奇的东西，甚至在微博上被炒作成“一个穷人进入了富人的圈子也会自然而然地变成富人”的论调。

如果“5人理论”是对的，那么你和比尔·盖茨之间只相隔着5个陌生人，你可以通过这5个人就能认识马云、马化腾、史玉柱等一群大佬，可是，为什么你现在仍然只是一个普通的小白领，而大佬依旧是大佬，你认识他们他们却不认识你呢？

对于这个问题，我们恰巧可以用一个很有趣的现象来解释，那就是“朋友圈点赞”效应。

朋友圈点赞现象能很好地解释什么叫作“关注圈”和“影响圈”。

你在微博或者微信等各大平台上面关注的名人大佬、你在生活中心心念念的邻家小妹、你在工作中随时随地了解的客户动态、哪里房价涨了哪里房价跌了、要不要生二胎，等等，你所关注的一切，都是你的“关注圈”。对于“关注圈”内的事情，大多数你只能以一种旁观者的角度被告知一些讯息，你并不能改变他们。举个例子，你天天讨论房价，房价会因为你的讨论而降低或者升高吗？

或许你的朋友圈里没有名人大佬，但是你的朋友圈里一定有这样一类型的人，你发的状态对于他们来说就是空气，而他们发的每一个字，都会令你热血沸腾浑身颤抖。你自己发的状态也有一群人也是每一条都会给你点个赞，而他们发状态你永远是无动于衷，连动一下手指都不愿意。

这是为什么呢？因为这些人在你的“关注圈”里，你时刻在关注着他们。而你在他们的“影响圈”里，他们的一字一句都会影响到你。而你，并不在他们的“关注圈”里，所以，他们看不见你，而他们也不在你的“影响圈”里，所以，你无论说什么也不能改变他们的意志。

这就是为什么你和大佬们同在一个“朋友圈”里，而你还是那么穷的原因。你太过于关注你自己的“关注圈”了，而不太重视你自己的“影响圈”。然而，一个人的“影响圈”却比“关注圈”对他来说重要得多。

你天天刷微博、朋友圈、QQ空间，看着朋友的一切动态，地铁上吃饭时你都成了不折不扣的低头族。办公室里你跟同事聊房价、聊车子、聊政治、聊军事……无论你聊得多么热情高涨，国际局势还是该怎么样就怎么样。晚上，你躺在床上做着各种各样的梦，你关心着国家的局势，你担心着南非的海啸，你计算着明天的油价……你关心的确实够宽泛，可是这一切，对你来说有什么意义呢？

你早上遛狗浪费了一小时，那也只是一小时而已，国家不会损失几千万的资金；你生病住进了医院耽误了一天，那也只是花了很多你银行卡里的钱而已，国家并没有失去一个很优秀的人才；你谈政治谈军事谈梦想，那也只是耗费了你自己的精力和唾沫而已，明天美国也不会因此和俄罗斯打起来……你会发现，你的影响力真的很小很小。

那些处在金字塔底端的人们，你的关注圈真的太大了，而你的影响圈又着实太小了。

所以，成功的人他们只在乎自己的“影响圈”，他们只关心他们能对别人造成什么样的影响，他们只在乎这些影响能给自己创造出什么样的价值。就像马云所说的，每个人做好自己的事情就可以了，你不是奥巴马，你就不需要像奥巴马一样关心全世界。

你的时间是宝贵且有限的，所以，你要运用好它，不要将它过多地浪费在不值得的事情上。

平时和同事聊聊明星、名人的八卦也不是不行，只是不要在这件事上耗费太多时间影响到自己的日常工作。工作累的时候是可以刷刷微博、刷刷朋友圈调节一下，但是不要埋头苦刷几个小时，为了一些不相干的人激动或者难过，不要看到鸡汤文还要转发一下，不要看到求助文还要可怜心疼好久。

朝鲜核弹爆炸是可以讨论一下，但是讨论完了就立刻该干嘛干嘛吧，把今天的工作做完，才是你真正该用心去做的。

关于这一点，我曾经遇到过一个非常文静的女孩子，她的职位却是销售。大家都觉得安静的女孩子不适合做销售，我也这么觉得，可是她的业绩却好得惊人。文静也有文静的好处，她从来不跟其他女孩子聚在一起讨论八卦新闻，也不和别人一起虚荣攀比，更不会在办公室里吐槽或者谩骂哪个客户，即使受了委屈，她也大多是一个人默默地消化。

她不关注和工作无关的东西，也从来不谈论、不牵扯进入任何的是非之中，她所有的时间都用来提升自己了，因此业绩做得相当漂亮，升职是挡都挡不住的。

圈子是重要，你得分清楚它是你的关注圈，还是影响圈。

别沦为即时通信工具的奴隶

当“关注圈”内的事情发生的时候，人们总是习以为常地花费时间去关注，然而在信息繁杂的时代，不知不觉中，我们已经沦为即时通信工具的奴隶。

我妈妈自从用了智能手机以后，她的生活就越来越忙。起初，她也只是加了一些家里的亲戚好友，没事一起聊聊天什么的。后来，她学会了用微信，不仅忙着转发各种各样她觉得有用的养生文和鸡汤文给朋友，还要每天一字不落地去看朋友圈别人更新的内容，并且一个一个地去点赞。

我以为，她这也是图个新鲜，很快就会失去乐趣的。谁知道，她却越来越忙了。每天早上五点醒来后第一件事就是摸手机，然后把昨天晚上因为睡着而错过的那些“养生群”“大妈群”“妈妈群”“兼职群”“中老年妇女群”等群里的消息，从头到尾细细地浏览一遍。刚开始她还只是在早饭时跟我们聊一下她在群里看到的那些家长里短的消息，再到后来，她每天最喜欢做的早饭也不做了，朝着我们喊一句“早饭你们去楼下买点包子吃吧！”然后就沉浸在她和群里各位大妈的聊天之中。

妈妈因为在她所有的群里很活跃，因此有一帮的“网友”，这导致了她在群里更加活跃起来，把自己很多的时间都投入到了里面。各位QQ伙伴今天都说了什么话，微信上的好友又发了什么状态，她无时无刻不在关注着这些。一年以后，我妈从一个精神矍铄、工作积极、照顾家庭、生活清闲的将要退休的中老年妇女，俨然变成了手机不离身、两眼不离手机、话语不多、早起晚睡的“网络老年人”。

这下好了，整天喊着闲的我妈也潮流了一回，成了不折不扣的“低头族”，结果就是我们早餐在外面吃晚餐也在外面吃，家里的家务我妈关心得越来越少了，工作的时间也在聊QQ。不过，看着我妈仍然乐在其中，也算是年轻了一把，我们也不说什么，随她去了。

有好几次，我问我妈：“妈，刷朋友圈真的那么重要吗？”

我妈抬起头来，白了我一眼就没再理我，继续玩她的手机了。

如果说，中老年人玩微信、玩QQ等即时通信工具，能为他们的老年生活增加些许色彩，能让他们有更多的朋友和安全感，那倒也无可厚非。可是，如果我们这些正值年轻、正处于事业奋斗期的人整天都沉溺在即时通信工具上，这似乎就有些可怕了。

然而，社会的现状就是，在我们这些年轻人身上，对即时通信沉迷的人数量群极大，他们的沉迷程度比起我妈来，还真是有过之而无不及。

即时通信工具方便了我们的生活，拉近了人与人之间的距离，但是，我们也渐渐变成这些即时通信工具的奴隶，它们也将人与人之间的感情拉得更远。

多年不见的老同学聚会，大家人手一部手机，低着头不知道在看啥；办公室集体聚会，菜还没上齐的时候，每个人都盯着自己的手机，好像业务很繁忙的样子；就连过年好不容易回一趟家，亲人朋友之间的团聚也变成了每人各自低头抢红包的默戏……

社会什么时候变成了这个样子？你是否有放下自己的手机去看看世界本来的样子？即时通信工具让我们变得越来越宅，让我们失去了很多体验生活的本来色彩的机会。

然而，即时通信工具使我们丧失的东西还不止这些。你是否因为晚上刷微博而晚睡，第二天一天都精神恍惚？你是否在打算工作的时候却不自觉地看了好几个群里朋友的聊天记录，一下子花费了你将近三个小时？你是否在工作的繁忙中随便刷了一下朋友圈，结果被一篇文章吸引住，花了半个小时看完了它，工作的状态却已经不在了？

即时通信工具是好，也为我们的生活提供了很大的改变。可是，过度依赖这些工具，甚至沦为这些工具的奴隶，结果只会让你得不偿失。而有些人，贫穷也或许只是因为你是即时通信工具的奴隶。

对于这个问题，我做了一个非常小的调查研究。我将自己微信朋友圈里的数据整理了一下，找出了10个朋友作为样本，统计了他们平时的一些朋友圈状态的相关情况。大家可以参照一下自己的朋友圈，看看是否和我的朋友圈的情况类似。

样本编号	状态次数 / 月	状态内容	职位	薪资
1	38 次	美食和自拍		
2	19 次	美食和转载		
3	10 次	马拉松比赛和日常生活		
4	15 次	社会时事、励志鸡汤		
5	1 次	人生感悟		
6	1 次	寻人启事		
7	20 次	人生感悟、情感感悟		
8	8 次	旅游的照片		
9	3 次	纪念事件、消息		
10	1 次	纪念		

我们先不看上表中后两行的内容，单从前面几列的内容来看，是不是你也能在朋友圈找出这一类人来？

而你的朋友圈中，跟以上这些人物样本属性相同的人，他们的职位和薪资又都是什么呢？你不妨先打开自己的朋友圈，自己找出这么几个样本，做一个记录和对比，自己填写一下。

我们来看一下我这个调查表格的完整内容：（此处薪资为上海标准，可能高于其他行业或者其他地区，薪资的具体数额不具有可比性和可参考性）

样本编号	状态次数 / 月	状态内容	职位	薪资
1	38 次	美食和自拍	初级 HR	4000 元 / 月
2	19 次	美食和转载	高级 HR	8000 元 / 月
3	10 次	马拉松比赛和日常生活	人事部门经理	14000 元 / 月
4	15 次	社会时事、励志鸡汤	研究生	200 元 / 月
5	1 次	人生感悟	农民工	2000 元 / 月
6	1 次	飞机落地报平安	高级总监	200 万 / 年
7	20 次	人生感悟、情感感悟	打工者（17 岁）	2000 元 / 月
8	8 次	旅游的照片	家庭主妇	0 元
9	3 次	生活片段	销售	3 万 / 月
10	1 次	纪念	教授	不详

从上面这个表格中我们可以看出一个大致的规律，似乎薪资越高、职位越高的人，朋友圈的状态的内容越少，是不是我们就能得出结论，刷朋友圈越少的人越有钱？可是，这个表格中也有几个特例，比如说样本1和样本4的对比，样本5和样本6的对比。

我们先来看看这几个人具体都是什么职位的人，他们的背景是什么。

样本1是我们公司负责招聘的HR，刚刚参加工作的一个年轻貌美的女孩子，性格开朗活泼，神经大条，基本上每天都要在朋友圈发各种自拍，却也有一堆程序员和码农天天等着看她的自拍照，她和同事间的关系都处得不错，可是由于神经大条，经常犯一些弱智的错误，让领导也比较头疼，最终将她调到了员工关系部门，只需要负责貌美如花让同事们开心就行。或许这个妹子并不是靠脸吃饭的人，她或许也有头脑有能力，但是她每天的精力全都花在微信的自拍上，而且发完状态还要时不时地去看别人对自己的评论，大多数的时间都耗费在了这个上，以至于她没有办法将自己需要仔细和耐心的本职工作做好。

和她同是HR的还有样本2，她也是一位美貌如花的年轻女孩，负责公司招聘事务，但是她的朋友圈内容仅仅是涉及一些吃饭时候的美食，以及公司招聘和产品相关的信息。这么美的女孩子难道不喜欢自拍？也不然，只是她每天将大量的时间都花费在工作上，每天都很忙，没有闲功夫去处理社交圈里的玩闹。因此，年纪轻轻就成了高级人事。

然而同是人事部的还有样本3，人事部的部门经理。她也是因为每天都很忙而无暇去刷朋友圈吗？其实并不是。她是经理，除了管理之外，没有什么实质性的工作，每天上班就是检查一下大家的工作，喝喝水聊聊天，闲得很。可是，这样的人，目光和见识都更加广阔和长远，她有更多的东西需要思考，更重要的事情需要去做，即使很闲的时候她会请朋友出去逛街喝茶，也不会把时间浪费在虚拟的社交上面。

我们再来看看样本7，这是一个邻居家的小孩，初中上完便辍学去外地打工了。到如今，一个月也就只有两千多的工资，并且工作不稳定，不断换来换去，人生除了悲剧还是悲剧。可是他的朋友圈却完全不一样，一会儿像一个哲学家一样谈论人生百态，似乎是已经看透了世态炎凉红尘万丈；一会儿又像一个汉子一样吞吐热血豪肠，什么“好兄弟一辈子”“两肋插刀金不换”之类的感慨。可是实际上，他没钱没地位，也没有什么学识阅历，能数得出来的兄弟也没有几个。

所以，在这里也顺便敬告一下那些沉溺于朋友圈鸡汤文或者段子文的朋友们，那些看似有道理的夸夸其谈，有太多都是一些富有哲理的废话，多看无益，还不如省着时间多看几本好书。

然而同样是不学无术过早退学的样本9，却每个月拿着3万块的高额薪水。这是我初中时候的一个同学，在班级群里加好友的。他当年拿着班级最后一名的成绩，叛逆不羁，阴沉堕落，然而现在，他也是吃尽了苦头，已经明白了努力的意义，他不是什么大公司的销售，而是一个汽车城里推销汽车的。他天天在汽车城里起早贪黑，遇到客户就称兄道弟，好话说尽好词用尽，客户也不一定会买他一辆车，可是他却一直努力着，不放弃任何一个机会，每个月下来竟然也有三万多的提成！

销售不赚钱，努力的销售才赚钱，这是一个销售老手给年轻人的忠告。试想，在这样忙碌的工作中，他还哪有时间刷朋友圈？

所以，别再沉溺于即时通信工具了。是时候通知你的朋友，不要再在微信或者QQ上找你了，有急事直接打电话，没急事就平时多聚聚。不要再做即时通信工具的奴隶了，再也不要在朋友圈发那种“我这么努力为什么还这么穷”的论调了，你看，那些有钱人都在忙着赚钱，根本没有时间来做这些！

如何扩大你的影响圈？

说到影响圈，就又涉及大家日常生活中经常碰到的一些问题。

在单位级别一样，为什么有些人能一呼百应，连扫地阿姨都愿意帮他，而有些人却一直备受冷落呢？在公司的工作群里，为什么有些人不经意之间说一个笑话就能引来整个群的热烈讨论，而你费尽心思发了一个话题，却只是寥寥几个“哈哈”的回复？

这些问题，其实全都归结于你的“影响力”不够。你的所作所为根本不能影响到大家。而“影响力”强的人，必然能获得更大的成功。

然而怎么样才能提升自己的影响力呢？这里有一些小故事或许值得大家借鉴。

1. 对于工作一定要专注认真，绝不浪费时间和拖延

王琛在他部门里的业绩绝对算得上是好的了，他人聪明，做事快，头脑灵活，工作业绩非常出色。而他的性格也非常开朗活泼，和同事都非常聊得来，在部门里人缘也是极好的。半年后，自己办公室的领导被调走了，大领导让大家匿名投票表决，王琛信心满满，以自己在部门里的好人缘，拿到这个位置还不是探囊取物？

然而真实情况却是：他输给了自己另外一个同事李斯，并没有他那么好人缘的一个同事。他百思不得其解，甚至怀疑，是不是大家都不喜欢自己，平日里跟他的亲近都是假的吗？

王琛很苦恼，但是他决心发现问题，便叫了几个关系好的同事晚上喝酒。酒过三巡之后，王琛开始吐自己的苦水，同事们也开始你一言我一语地借着酒劲吐露了真言。

"说实话，我其实觉得李斯比你更合适这个职位。你很聪明，平时里爱玩爱闹，在工作上花费的时间并不多，相反李斯就不一样了，他一直勤勤恳恳、认认真真，遇到工作立刻着手，一点都不拖延，跟他合作心里很踏实，因为他会在工作完成之前一直盯着你催着你把事情做好。"

"可是，我的业绩比他好得多呀！"王琛不解，虽然他喜欢在办公室里和大家玩闹，看似工作不用心，可是那是他把自己分内的事情全都做完了的情况下。

"虽然你的业绩很好，可是和李斯合作会让人觉得非常安心，他非常珍惜时间而且非常认真。但是跟你就不一样了，大家都提心吊胆会不会业绩完成不了，结果最后你来一个大反杀。就选领导而言，大家当然更喜欢和李斯这样的人合作了，也愿意在李斯这样的人手下做事啊！"

这下，王琛彻底明白了。他工作的业绩只能证明他工作的能力，他的好人缘也只能证明自己的性格不错。可是，自己没有什么影响力，因为自己并没有那么遵守时间，也没有认真到让别人安心的地步。你的态度，决定了你的影响力。

所以，在工作上惜时认真，会让你的影响力大大增加。

2. 守时、有责任感

在和朋友相处的过程中，守时也是非常重要的一点，没有人会喜欢和约会迟到半个小时，聚会迟到半个小时，约好了一起爬山却让大家都在等你的人一起做事或者交心吧？

所以，你首先要让别人相信你。而守时的人一般都会让人觉得非常有责任感，大家也愿意跟他们交流沟通，和他们成为朋友。

然而跟朋友的相处中，我们往往希望被人照顾，被人包容，被人疼惜。尤其是一个女孩子，希望自己像个小糊涂娃娃一样被周围的朋友喜欢和疼爱。“萌”和“迷糊”已经成了可爱的代名词。

但是，“萌萌哒”只能让人觉得可爱，一点都提升不了自己的影响力，许言就是一个很好的例子。

许言和苏芬是同一期进公司的员工，她们俩年龄相仿，学历相当，刚进部门的时候领导都非常看好。只是徐言长得漂亮苗条，而苏芬显得乖巧普通，因此在刚来的时候，大家喜欢许言比喜欢苏芬多一点。

许言是个聪明的姑娘，她将这一点看在眼里，心里也极其受用，有事没事总爱彰显一下自己的受欢迎程度和与众不同。部门会议最后一个到，早上总是晚来几分钟，部门聚餐总要请上好几遍，大家约了一起玩她总是最后一个到……她总是认为只要自己奉上一个甜甜的笑容便能化解一切尴尬，她是大家喜欢的那个人。而苏芬则普普通通、规规矩矩，总是认认真真地做自己该做的事情，会议之前认认真真地准备材料给每个人发一份；每天早上都来得最早，给办公室的植物浇水；部门聚餐总是她去预定餐厅找位子；就连大家约出去玩也是她忙前忙后给大家查找攻略和资料。这一切，都被大家看在眼里。

大家还是喜欢许言，喜欢和她聊天打趣，许言也认为自己一点都不输给苏芬。可是，部门里半年一次的评优秀大家选了苏芬，新人进来后的第一次升职机会，领导也给了苏芬。没过多久，苏芬的职位和薪水就比许言高很多了。

许言不解，为什么自己和大家玩得这么好，升职加薪的却是和大家关系没那么好的苏芬呢?

其实一切并不矛盾，许言的魅力和可爱让大家喜欢和她做朋友，可是苏芬的严谨认真、负责惜时，让大家对她产生了尊敬，也让大家对她的工作能力有了更高的评价。

所以，不要再依赖于一些虚妄的东西，你以为你和别人关系好就能解决一切吗？守时和负责任，才是你提升影响力的最好的法宝。

3. 你的资历很重要

其实在很多时候，影响力和资历息息相关。或许这就是为什么那么多大佬不建议年轻人频繁跳槽的原因，频繁的跳槽可能会短时间内给你带来丰厚的薪水和较高的职称，可是，每到一个新的环境里，你以前所建立起来的所有资历都将推倒重来，在一个新环境中你将不再拥有和老环境中一样的影响力。走得快，却走得不稳，这是现在很多年轻人所面临的问题。

我之前在职场上的合作伙伴是一位资深程序员，他踏实肯干，个人能力超强，在公司里已经待了整整十年了。我一直非常敬重他，认为程序员做到他这样的水准也是非常了不起的。直到有一次和朋友闲聊，才知道，这位程序员三年前是公司的安全部的部门经理！

得知这个消息，让我大吃一惊，像他能力这么优秀的人，怎么从经理的职位又降级做程序员了呢？经过多方的“八卦”消息，我知道了事情的全貌。

我们公司内部是分很多个部门的，每个部门所从事的事情都不尽相同，这位程序员学习能力强，有想法有拼劲，对未来有更大的梦想，于是便在事业的上升期毅然决然地放弃了部门经理的职位，调到了其他的部门。

可是，在新部门待的两年也并非尽如人意，项目没有成功，也将人身上的锐气全部磨光了，他还想再回到原来的部门。由于自己过硬的技术能力，领导非常愉快地接纳了他，可是原本他离职后，安全部经理的位子已经有人了，毕竟他离开了两年，新领导在部门中比他更有影响力，他替代不了新领导的位子，于是只能再安心地做一位程序员了。

所以，在职场中，跳槽与不跳槽，这是一门智慧，需要你潜心去琢磨才是。

而在我们生活中又何尝不是这样呢？我们会理所当然地认为一个弹钢琴十年的人比学钢琴一年的人弹得好，我们会认为一个大学教授对问题的分析会比一个普通民众精辟透彻，我们会认为权威和专家都是可信的，最起码他们比名不见经传的人更容易让人相信。

因此，想要获得足够的影响力，不妨专注于打造自己的资历，无论是从能力、社会地位还是个人身份，你都可以做出不同的改变。

大部分的工作电话，其实讲1分钟就够了

智能时代给我们的工作也带来了极大的方便。现在很多公司都有内部ERP系统以供员工方便快捷地提交流程文件，也有内部通信软件，例如腾讯的RTX，再不济，你们总有QQ群和微信群吧？

可是，即使科技发展得如此迅速，很多人的工作还是停留在一种落后的方法和状态中，因此消耗了大量的时间。

我曾经在“高效能人士训练法则”的课程中碰到这样一位朋友，她是一家500强企业的中层员工，负责公司软件产品的测试工作。她来花重金上这门课，是因为她的老板对她的工作极其不满，并告诉她：“你以后要是每天的电话时间超过3小时，就收拾东西走人吧！”

这位朋友说，她的老板是一位中年男人，脾气不好，而她的座位正好在他的旁边，可能是自己总打电话吵到他了吧，他才说出这么不讲理的话来。她的工作是测试，要通过电话联系其他部门的人，并且跟他们讲清楚自己测试的结果，以及需要修复的问题，她认为在电话里能够说得比较清楚，避免不必要的麻烦，因此她并不觉得自己选择电话沟通这种方式有什么不对，而自己又完全没有办法缩短自己电话沟通的时间，因此她想寻求帮助。

听了这位朋友的困惑，我顿时来了兴致，对于这类事情我非常有经验，并且我们部门的总监刚刚对部门员工提出了一项新的要求：所有的工作电话，最好都不要超过1分钟。

1分钟？是的，1分钟，你没有听错。

我先来说说，这项指令下达了两个月后，我们项目现在的情况。目前，我们项目的电话会议锐减，一般一个月都没有一次，而大家现在也已经习惯了所有工作电话只打1分钟，你叫他多说话他都不愿意了，而更加重要的一点是，之前我们项目每天基本上要加班到晚上9点，现在我们基本上7点半就可以下班。

难道说，将工作电话的时间控制在1分钟之内，就能对工作效率有如此之大的影响了？

首先，只打1分钟的电话，有助于你整理清楚自己的思路，更新自己的工作方式，节约对方和自己的时间。琳达是我们部门的商务，她每天会接收到N个来自于不同公司的咨询或者合作的电话，对于工作电话只能打1分钟这条规定，最最为难的人就是她了，每次客户打电话过来光是讲解产品就要花费她将近一个小时的时间，只打1分钟这不是为难人吗？

然而，琳达是聪明人，她很快就找到了方法。她花费了一周的时间，将部门里对外接收产品的准则和一些客户常问的问题，精细地做了一份文档。一周之后，当再有客户打咨询电话进来，她会礼貌地向客户索要邮箱，并且将早已经编辑好的相关的文档发给对方。这样对方可以对照着文档细细地阅读思考，也避免自己因口头上的失误说错话，为客户为自己都省去了大量的时间，带来了极大的方便。

向对方索要邮箱在电话里需要多长时间呢？大约只需要1分钟。琳达做到了，她将每日长达7个多小时的商务电话，缩短为几个小小的1分钟。这个尝试成功了之后，琳达也会礼貌地要求自己的客户这么做，如果有合作公司打电话过来推荐他们自己的产品，琳达也会要求对方将资料先发送到邮箱，自己先熟悉一下再和对方沟通，从此，她再也不必一边拿着电话，一边用手在本子上奋笔记录对方所说的要点了，而且慢慢地看邮件，也让她有了更充足的思考时间决定要不要跟对方合作。邮件，真的是一个很好的工作工具。

当一个商务从大量的工作电话中解脱出来，那么她的生活就都剩下时间了！对于这个改变，琳达非常欣喜，她现在每天下午基本都没事可做，于是就将拖了很久的和客户见面吃饭的事情提上了议程，每天上午忙完工作，约好客户，下午定餐馆，一下班便拎着小包扬长而去，小日子过得甚是潇洒。

其次，只打1分钟的电话，有助于你提前做好所有的准备。和之前在课程上遇到的那位朋友一样，我们项目的测试专员在接到只打1分钟工作电话的指令后，也抱怨过领导一时兴起就拿下属开涮。

可是，这项规定他最后也做到了。

之前，他给项目的其他同事打电话，通话内容大致是这样的："喂，小李呀，我的测试报告你看了吗？刚才的那个功能我测试了，这个功能实现得不对啊，是的，有些功能实现得不全面，有这么几个问题，1是……2是……3是……什么？你没听明白啊？好的，那我再说详细一点……"

就这样一个电话基本上也需要消耗他将近20分钟的时间。而现在，他的工作方式变成什么样了呢？他会在自己测试结束之后，将自己的测试报告发给每一位同事，并且电话通知有问题的人员，他现在的工作电话内容大致是这样的：

"喂，小李，我刚才邮件发给你了一封测试报告，里面有一些测试问题的汇总，你能不能抽空先看一下有没有什么不明白的地方，我半个小时之后准时打给你可以吗？"

先将问题发给对方让对方先熟悉明白，并且与对方约定讨论的时间，中间留给对方半个小时看文档的时间，这样即使对方手头上有其他的事情，也不至于将看测试报告这件事情就给忘了，而且约定了时间，也是对对方要立刻去做这件事情的一个提醒。

结果，每当他半个小时再打过去电话的时候，一般都会接到满意的答复，"你看明白了是吧？需要我再讲解什么东西了吗？不需要了，那就先这样。"

两个1分钟，完美地解决了问题。而且，这位测试专员为了别人能更清晰明了地看明白他的测试报告，不用自己多费唇舌，在写测试报告上也下了一番功夫，结果他的报告越写越好，与程序员们的合作也越来越愉快紧密，程序员们都认为他是一个认真负责的人。

还有，只打1分钟的电话，有助于每一个人多动脑子少说话。之前，在我们部门经常能听到这样的声音。

“喂，IT吗？我的电脑不知道为什么突然之间蓝屏了，你能帮我修一下吗？我在哪？我在11楼靠过道的位子，对对对，我的资产编号？资产编号是什么？就是机器的号码呀……哦，那我看看，是02145890，对对对，是这个……”

“喂，老板，我跟您汇报一下近期的一些工作状况，近期我们做了一些这样的事情，1是……2是……3是……然后我们后续还会做这些事情……，什么？您没听明白？那我再说一遍，是这样的……”

……

而现在，公司里的电话声音变成了这样：

“喂，IT吗？我在11号楼的过道位子，电脑蓝屏了能尽快帮我看一下吗？资产编号是02145890，麻烦您尽快过来。”

“喂老板，上个月的工作总结和下个月的工作计划我都发您邮箱了，您有空看一下然后回复我一下哈，您忙。”

在这种气氛不知不觉的浸染中，大家都慢慢开始多思考少说话，而且尽量在极短的时间内将自己的观点表达清楚，解决问题。大家脑子动起来后，为整个部门带来的利益就是效率极大的提高和错误率的极大减少。

所以，对于在本节的开篇提到的那位朋友，或许不是你的老板嫌你烦嫌你吵，而是他真的觉得，你的工作方式是有问题的，是不够简练的。

其实，这么做下来，你会发现，大多数的工作电话真的只需要1分钟就够了，你还在浪费时间做无畏的口舌之战吗？

你需要一个好的旅伴

智能时代给我们带来的另外一个好处就是，我们人与人之间的联系更加紧密起来了，你可以通过网络认识你想认识的任何人。而在自我改变、获得财富的过程中，你需要一个很好的旅伴，让他从外界来给你动力和压力，帮助你更好地利用自己的时间，达成自己的目标。

我将这样的一个人定义为一个旅伴，是因为这个人可能只能在你人生的某一个时刻、某一种场景、某一个阶段和你在一起努力，你可以有很多段不同的人生“旅程”，因此，你也可以拥有很多个很好的旅伴。

促使一个人前进的动力大致可分为两种，一种是内在动力，一种是外在动力。而内在动力往往是我们所说的自控力，我们中间大部分人的自控力都是靠不住的，如果你真的是一个自控力超级强的人，那么你可能也不会有时间看这本书了。既然内在的动力靠不住，那么我们便需要学会将外界的动力发挥到最大化。

诚然，如何提高外在动力也有千百种方法，但是我认为最有用、最高效的方法，就是找一个很好的旅伴，你们互相鼓励、互相监督。

Danny目前是一家跨国公司的事业部经理，他有着让人羡慕的才华和能力，并且只有29岁。Danny在公司里一直是众人膜拜和仰望的对象，他似乎是有着一种超乎常人的能力，想要做的任何事情都能想办法办到，公司里一直流传着很多关于他的故事。

Danny大学刚毕业的时候啥也不懂，但是他有一个目标，那就是三年之内挣够100万。刚毕业的他每个月拿着5 000块的薪水，做着一份不起眼的工作，可是三年之后的某一天，他在微信朋友圈发状态：100万目标达成。Danny的女朋友和他一直是异地恋，两个人几度分手，没有人看好他们的爱情。如今他们已经决定在女友28岁生日的时候，去塞班度假订婚，订婚戒指都已经买好了。Danny曾经跟自己的父母说，在自己30岁的时候，要在上海最繁华的地段买一栋别墅，把父母接过来，因为父母喜欢大房子，他不想让父母在小公寓里面蜗居。就在一些他的同学还在为首付而发愁的时候，他家的别墅已经开始装修了……

他是天才吗？其实也并不见得。Danny说，他的财富之道、成功之道，那就是在人生的旅程中找一个很好的旅伴。这个道理是他大学毕业的时候总结出来的，并且坚持至今。

毕业季的惶恐和不安，相信每一个经历过的人都能明白几分。Danny和许多其他的大学生一样奔波于各个宣讲会，但是在他找到工作后并没有像其他人一样去狂欢，而是冷静下来，静静地思考着自己大学四年的成功和失败，并且总结原因。

Danny的英文不好，四六级都很难考过，为此他没少担心，可是隔壁寝室的黑子比他的英语还差，黑子基本上每天要花4个小时在学英语上，才有可能在毕业的时候考过四级。Danny也想努力一下提升自己的英语成绩，于是想要和黑子搭伙学英语，黑子非常开心，每天都准时来找Danny去图书馆自习，请教Danny问题，一起做练习题，一起练习听力，Danny也因为黑子英语差而不会拒绝他，他来找他，他每次都会答应，就这样，Danny居然一次性考过了英语四六级。

Danny在大三之前的成绩都不是特别好，大三的时候，他恋爱了。女朋友是个文静可爱的女生，喜欢去图书馆看书，Danny就去每天陪着她，结果一年下来，不知不觉，自己的成绩竟然也拿了奖学金。

在学校组织的各类竞赛中，Danny其实并不相信自己的能力的，还好各类竞赛都能组队，于是他拉上了自己的好哥们儿，几个人经常熬夜通宵做项目，四年下来也没少拿奖。

再想想自己大一的时候，想参加社团却又害羞，只有自己的室友答应一起参加，他才敢去面试……

Danny发现，促使他成功的最重要的因素，其实并不是别人所认为的他的聪明和努力，而是他身边有个人和他一起！

发现了这一点，Danny便将它视为自己的人生铁律，并更好地运用到了自己接下来的工作中。

刚入职场，他就立刻找到了一位自己的伙伴，两个人在闲暇时一起学习新技术一起讨论问题，互相帮助解决工作上的瓶颈，两个人的力量远远大于一个人，同伴帮助他克服了很多懒惰和坏情绪，两年下来，他比公司的其他人成长得都要快很多。Danny业余的时候兼职做钢琴教师赚钱，他的工作本来就很忙，没带几节课下来，他就有些身心俱疲，这时候Danny想到了自己的法宝，他在琴行交到了新朋友，另一位钢琴老师，两个人互相配合互相鼓励，一年下来，Danny的小金库已经相当的充实了。而后，他陆续有了健身伙伴、爬山伙伴、钓鱼伙伴、技术伙伴、美食伙伴……于是，Danny拥有了8块腹肌，走遍了大好河山，获得了良好的技能，拥有了吃遍美食的嗅觉和福气……

Danny说：“我说的去找一个旅伴并不是说你要去积累人脉，倚靠某人去达到某种目的，而是让你的旅伴用他的行为来感染你，干涉你，从而替你赶走懒惰、拖延、恐惧和不自律。”

这就是旅伴的最大意义。

在我们生活中，这样的事情也时常发生。本来你不想去买菜的，邻居的大姐约了你，你便跟着去了；本来你刚买过衣服不想花钱，可是闺密约你你就去了；本来你想去钓鱼但是又没下定决心，但是朋友正好打电话来你就欢天喜地地去了；你想旅游却一直找不到机会，直到你的同学问你要不要一起报团你才狠下心来请假……

我们的意志依赖于他人，这是所有人都会有的问题，这一点有好有坏，我们也正好可以利用这一点，来达到我们想要变得更好的目的。

当你想每天晨跑但是起不来的时候，不妨找一个小区里天天健身的人一起跑步；当你想学习某种乐器而迟迟下不了决心的时候，那就拉上你的好朋友一起去；当你想出去走走见识见识外面的世界却没有胆量的时候，就去加一些驴友群，先了解一下他们的生活……

很多我们靠内在的自控力所无法做到的事情，我们其实都可以巧妙地借助外界的力量来办到，这在我们生活中极其普遍，只要你认真地去执行，去实践，改变拖延和纠结，就再也不是问题了。

但是，还存在那么一些人，他们找旅伴也是三天打鱼两天晒网，那么你们可以尝试以下这种方法，给你们的旅伴生涯增加一点仪式感，这样你们都将更加有效地遵守你们的旅伴规则，更好地扮演好一个旅伴的身份。

旅伴宣言：

我在此立下此宣言，愿意与XXX在XXXXX上结成旅伴，互相鼓励，互相监督，朝着更好的方向迈进。宣誓人：XXX。

这个方法被很多管理学和咨询课程的导师所借鉴，高达98%的人都认为这个方法对他们产生了不小的帮助。

不用花巨额的费用去上这一课，你何不也尝试一下呢？

第五章

24小时的管理方法

看完本章，你将收获一种更好的人际关系，养成一个更好的做事习惯，拥有更加美好轻松的全新的一天。

留5分钟，做个清单试试

每天我们都面对林林总总的问题，要处理各种各样的事情，而我们的大脑，也是一个容器，我们能确定自己能记住所有自己想要做的事情而不会忘记或者遗漏吗？

而你一天是忙是闲，该做些什么？干这些事情对你的未来有什么益处？你的目标折算到你的每一天里，你该干点什么呢？

如果你不太信任自己的大脑可以百分百地记住你想做的任何事情或者规划，或者你想要更合理地清点自己的目标任务是否都已经完成了，那么，这时候你需要列一个清单作为帮助。

列清单是一个非常好的管理习惯，它可以帮助我们明确我们每天的目标，帮助我们分清楚事情的主次关系，并且帮助我们较好地完成计划或工作，不至于有遗漏。

做一个日常的清单，很简单，也很方便，你只需要花费5分钟就可以了！很多人日常生活中也会列清单，但是，你的清单完成度高吗？或者说，你的清单列得对吗？

列清单说起来是一件简单的事情，但是并不是每个人都会列清单。我们先来看一下列清单的一些依据，然后再按照示例来看看为什么有些人的清单列得是不对的。

做清单的材质无论是手机软件或者是笔记本均可。而我自己一般会选择用143*93的小本子，仿照生活札记的那种，我不仅可以写上我每日需要完成任务的清单，还可以在旁边写上完成与未完成的原因，并且督促自己以后借鉴，再也不要犯同样的错误。

清单的制定，要遵循以下三个规则：

1.可完成性（30%）。

2.实用性（30%）。

3.准确性（40%）。

首先，你的清单是要可完成的。比如你给第二天制定的计划是读十页书，那么，这个计划是可完成的，可是你如果计划是读十本书，除非是很薄的小儿书，真正有用的厚本书籍，即使你一目十行，晚上不睡白天不工作，估计也很难在24小时内读完。

其次，你的清单要有实用性。你需要在白纸上清清楚楚地写明自己每天要做的事情，而且写明自己要做的事情即可，不要文艺地发挥一些多余的言语。例如，你可以写一些你能做到的东西，切忌写一些享受生活、快乐吃饭之类的不明所以的词句。

最后，你的清单一定要详细准确。如果你最近打算学英语，那你最好在清单上写清楚背多少个单词或者做几套试卷，而不是笼统地写一个学英语，学英语这个范畴太大了，你根本找不到下手的点。再比如，你最近在看一本书，那么你可以在明日的清单上写上，读十页书，而不是读书这么一个笼统的概括。

总之，你的清单要足够明确，审核标准就是这份清单交给另外一个人，他也可以在不用你提醒的情况下完成所有的项目。

而你要做的是，每天晚上睡觉前核对一下自己当日的清单，并且大致列出第二天的清单，列出了之后，第二天尽力地按照清单上的内容去做，晚上再进行核对。这一切花费不了你太多时间，熟练了之后，每天顶多5分钟。

工作中每个人的工作内容都是不同的，因此很难找出一些列得相同的清单。但是，上大学的时候，同一个寝室的人都有相同的爱好，列清单的内容大体相同，可是清单产生的效果却大相径庭。我们具体来分析一下这些清单的问题都出在哪里。

下面是花花的清单，她是她们宿舍的寝室长，一个有些古板的女孩。

11月3日星期二	11月4日星期三
1.上课。 2.做完作业。 3.看经管选修课的书。 4.钢琴课上课。 5.锻炼身体。 6.背第11课的课文和单词。	1.上课。 2.写完作业。 3.看经管选修课的书第二章。 4.钢琴课练习，一小时。 5.背第12课的单词和课文。

下面是苏苏的清单，苏苏是一个文艺温暖的软妹子，平时的生活也文艺得很。

11月3日星期二	11月4日星期三
做一个阳光明媚的女子，不骄不躁~你若盛开，清风自来~学英语，一定要努力棒棒哒！学习学习，爱学习的女子运气一定不会太差~今天要和花花一起去上钢琴课了，好开心~	每天起床要微笑~马上要选修课考试了呢，得赶紧看经济学的选修课本了呢。昨天的英语没学完，今天继续，苏苏加油！

大家看到上面两个清单，未免觉得有些好笑，那是你在看了前面清单规则后的感受。可是，我们有多少人，也跟苏苏一样一点都不会列清单呢？

首先花花的清单，列得可以打70分了。最起码，她列清楚了第二天要做的事情。但是，她清单里面的锻炼身体，旨意实在是不明确，到底是跑一小时步呢还是打一小时羽毛球？还是跑半个小时的步？这些她都没有写清楚，当然，她心里知道自己要做什么最好，但是如果不知道，只是有一个粗浅的计划，那么第二天她很有可能根本没有去锻炼身体，也因为纠结于到底选哪一种运动方式而消耗了大量的时间。

还有，看一章经管的课本，一章的任务只存在于周末的时候是可以完成的，但是当天才是周二，她的业余时间还有上钢琴课等那么多别的项目，她做得完吗？这个目标有些不合实际。

而苏苏的清单，则更像是随笔或者随手札记，根本就不是清单，若是当作清单的标准来评判，估计就只能给20分了。根据清单的实用性和准确性来看，这清单列得真是糟糕极了。她如何判断自己是否将清单里的内容全部完成了呢？而我们多少人也在犯这样傻的错误呢？误以为一些美丽的句子就可以拿来过一生。

我们根据上面的分析，将这份清单优化一下，请看下面这份清单：

11月3日星期二
1.上课。（共6节课，花费4.5小时） 2.写完所有作业。（物理、高数、选修课） 3.看经管选修课的书，看第一章的前3个小节。 4.钢琴课上课。 5.打羽毛球，一个小时。（要先去约苏苏） 6.英语第11课的课文熟悉和单词背完。

这样看起来，这就算是一份基本完整的清单了。

从这个清单上，你能清楚地看清楚你明天需要做些什么，以及如何做。你可以为你明天要做的事情事先做好准备，比如先约好苏苏第二天去打羽毛球。

然后，你就可以根据清单上的选项一件一件地去完成，完成一件你可以打一个对勾。如果有当天实在完成不了的任务，还可以在之后空闲的某一天完成并勾选掉。

这种清单管理的方法，我一直在用，并且觉得特别有用。如果你感觉一天茫然无头绪，不妨试试这种方法，你会让自己变得更有成就感。

高管为什么搬到离公司更远的郊区去住了?

有了工作的人，工作地点和家庭住址的关系就变得非常密切了，因此每天上下班的时间成了我们必须考虑的因素。

一般情况下，有同事升职加薪之后，如果现实条件允许，都会换到市区里面离公司更近的地方住。住到市中心之后，各种生活配套都更加方便，和朋友聚会也比较方便，而且住得离公司近，上下班变得非常方便。

可是，有一个很反常的现象，我们公司有一个高管，他这几年来也一直在搬家，可是并不是越来越靠近市中心，而是越搬越远，到了郊区。这一点最开始的时候没有人在意，而后，在同事们周末聚会的时候总是不见他的踪影，大家才扒出来原来他又搬到更远的郊区去住了。

这人真的很怪，开始的时候大家都这么觉得，大家认为他不是不爱名利虚荣，就是喜欢大自然。可是，在一次去高管家做客后，我才明白高管这么做的精妙之处。

高管告诉我们，他第一次有了搬离市区的念头是在两年前。两年前的一次，他的车坏了，开去修理场修理了，于是他只能起了一个大早去挤地铁，但是发现挤地铁所花费的时间是他平时开车上班的一半时间，而且自己在地铁上无聊，还用手机看完了所有的邮件并且进行了回复，还顺带和旁边无聊的人一起玩了几个游戏。上海的早高峰和晚高峰是极其恐怖的，高管每天早上开车上班都会被堵在路上，而且被堵在路上的那一段时间他除了听音乐之外其他什么事情都做不了，因为他开车需要集中注意力。而高管在游戏公司的工作，每天都需要花费一定时间去体验一下别的手游，而在地铁上他正好玩了游戏，这也为他每天到公司后的工作节约了很多的时间。

这一段地铁上的经历让高管觉得，他早晚上下班的这一段时间可以利用起来。可是，他住在市区，那几站地铁实在是太挤了，长时间不做地铁的高管被挤得七荤八素，那时候，他就萌生了一个念头，可以搬到稍微偏一点的地方去住，这样的话可以在地铁上混一个座位。

我们有钱任性的高管，就这样进行了第一次搬家，而在郊区的房价只有市区的一半。他们换了更大的房子，还给孩子造了一个秋千，孩子特别开心。而他每天上班在路上基本会有一个小时的时间，这一个小时他可以用来体验游戏，可以在地铁里观察别人都喜欢玩什么样的手游，都有什么特点，毕竟在上海这个城市，地铁运载的人是很大一部分的客流量。

在地铁上处理好了所有的杂事，高管每天进入办公室的时候就开始处理游戏设计方面的事情，两个月的地铁体验让他有了一个很好的点子，很快这款游戏做了出来，评价非常好，高管再次升职加薪了。

我们都很容易将别人的成功归结为运气，而将自己的成功归结为努力。就像是别人拍了一张非常好的照片，你一定会觉得他的相机特别棒，而你自己拍了一张非常好的照片，你一定觉得自己的技术非常好。

然而，所有的成功都不是空穴来风，运气只是成功者的谦词而已。每一个成功者的背后都有其必然成功的道理，就像是我们这位高管。处在事业底层的我们或许每天都在抱怨自己挤地铁的难受和自己在工作途中所花费的时间，甚至幻想着有一天自己有钱了，一定要在市中心买一套大房子，天天开豪车上班。

可是，成功的人并不这样想，他会抓住每一个能让自己学习和提升的机会，会认真地思考和利用每一段时间，即使在乘地铁这件小事上，他也会考虑如何能让自己的利益最大化。乘地铁虽然花费了他更多的时间，可是这段时间他是可以利用的，而住在市区开车上班的时间虽然短，但这段时间他都必须浪费在专心致志地开车上。

能合理掌控自己时间的人，才是成功的人，才是一个更能赚得来钱的人，也是一个更能创造财富的人。

我们身边总有很多模棱两可的定义，似乎受环境的影响非常大，别人认为怎么样好，我们也就认为怎么样好了，我们何尝去思考过，在不好的表象的背后，隐藏着什么样的好事情呢。

记得在聚会当天，也有人问了高管这个问题。

高管给我们分析道："为什么我要住在市区？住在市区有什么好处？"

"离公司近，多么方便呀！"

"大家平时聚聚也很容易。"

似乎除了这两点，再也没有人能想出什么新的东西来。

"那你们想过我搬到郊区来，有什么好处吗？"

"在市区住写字楼，在郊区住的可是别墅呀，房子变大了呗。"

"是的，我的生活质量确实提高了不少。以前，我周末只能看看窗外的车水马龙，现在，周末空闲了的时候，我可以和孩子一起在花园里种花。"高管开心地说道。

我们来详细地列一下这其中的利弊：

搬到郊区的好处：

1. 房子更大了，生活质量变好了。

2. 更清净了，没有什么人来打扰了。也可以借机推脱掉很多原本根本不必参加的聚会，有更多的时间和妻子孩子在一起。

3. 家里有老人，宽敞舒适的环境对老人的身心都有好处。

4. 每天他不得不强迫自己早起去挤地铁了，虽然刚开始他不习惯，但是慢慢就好了，这样每一天他等于多出来了三个小时的时间可以利用，他可以做更多的事情。这也是他在工作上突然之间能取得巨大成就的关键，那是因为他每天的工作时间，多了三分之一还多。

5. 地方宽敞了，他就可以邀请自己的好友和同事进行家庭聚会，家庭聚会所能产生的吸引效力可比在饭店吃饭能让人更加拉近关系，这一点他非常清楚，对此，他也非常满意。

而对于住在市区，似乎除了离公司近一点，再也找不到其他好的理由了。

所以，那些表象的信息，总是会蒙蔽很多人，让我们朝着别人的方向和目标不断去努力，从而忽略了自己到底想要什么，自己的生活和时间该如何规划，以及自己一天的24小时该怎么安排才合理。

所以，你是怎么安排你的地铁时间的？对此，你有什么感想呢？是不是地铁的时间就一定要浪费？进而延伸到你觉得每一处你浪费掉的时间，你又该如何合理地利用起来呢？

我就见过一个有异曲同工之妙的姑娘，她也是家住在离公司很远的地方，并且丝毫没有要搬近一点的意向。她是一个电视剧狂魔，每一部电视剧都必追，她规定自己每天只能在地铁上刷剧，绝对不占用上班时间和回家后的时间。这样对她没有任何坏处，每天早上，闹钟一响，她一想到一会儿在地铁上又可以看到自己心爱的电视剧的下一集了，就会立刻兴奋快乐地起床，快速梳洗完毕直接上地铁，从此也改掉了拖延和赖床的毛病。

不得不说，他们都利用了这段时间来做了对自己有益处的事情。而你生活中的24小时，有被合理地安排吗？

点燃一支烟的瞬间，你失去了什么？

网上前段时间有一个很火的笑话，内容是这样的："回家后发现家里煤气泄露了，吓死我了！赶紧点支烟冷静一下。"

这则冷笑话总是能切中人的萌点，让这种愚蠢的行为变成一个有意思的趣谈，以至于各个群里开始不断地转发，有人甚至把它作为表情。

之所以这个冷笑话能如此之火，还因为它切中了人性中很重要的一个共通点，也是大家在日常生活中很容易做的一个行为：遇到了事情先抽支烟，不管抽烟能不能让你冷静一下。

烦躁的时候先抽支烟；难过的时候抽支烟；忧郁的时候抽支烟；甚至失眠的时候，第二天早上起来地上已经是一地的烟蒂……

似乎抽烟总是会被与不好的情绪联系在一起，烦躁、难过、忧郁、伤心、失眠。很少有人听到过高兴的时候抽支烟、加薪的时候抽支烟、升职的时候抽支烟、女朋友答应了自己求婚的时候抽支烟吧？

在我们现有的文化层面里面，抽烟是一个中性稍微偏贬义一点的词语，我们所能联想到的抽烟的情境也不会是一个令人兴奋、令人快乐和舒服的场景。

这样分析看来，抽烟其实是一个消极的事情。

抽烟有害身体健康，这一点所有人都知道。抽烟总是能让人联想到负面情绪，这一点也有很多烟民愿意承认。可是，他们仍然很有理由继续抽烟，他们会说在出现负面情绪的时候他们通过抽烟来缓解压力，抽烟会让那些消极的情绪暂时延缓。

有人认为抽一支烟也就两三分钟的时间，不会耽误自己多大的事情，所以在时间上并不存在浪费，而且抽一包烟的花费也不过几十块钱，又不贵，对自己的财富也不会造成浪费。这件事情纯属个人爱好，无可厚非。

可是，真的是这样吗？统计学的理论表明，有钱人很少是烟鬼。这又是为什么呢？希望大家能从下面这个故事，明白吸烟和时间的关系、吸烟和财富的关系、吸烟和成功的关系。当然，吸烟有损健康这件事情已经不多讲了。

管晨在刚开始工作的时候，确实认为吸烟只是个人的事情。一般他在有压力或者上级布置了什么任务的时候，都会出去吸两根烟，他觉得这样没有什么不好，久而久之还有了两个烟友，相约一起出去抽烟。

这一切都没什么，他们认为上班的时候出去抽根烟，就跟去上个厕所一样没有什么差别，不值得被惦记。可是，他们的上司却不这么想，每天他从上司的办公室门前走过去抽烟，上司并没有说什么，但是对于他工作的认真态度，上司并没有那么满意，一次他工作出了一点小纰漏，上司立刻就联想到了他平时上班的时候总是出去抽烟，一定是没用心工作造成的。

所以，年底的时候，部门唯一一个升职的机会，上司给了和管晨业绩一样好的另一个同事。本来觉得自己这次的升职是十拿九稳，但是错失良机让他有些心有不甘，但是，部门里就两个人工作比较出色，另一个人升了职，半年后就该轮到他了吧？他这一次错失荆州的教训让他工作更加卖力了，一点也不敢马虎。

但是，他根本没有意识到自己没有升职是因为抽烟的原因，工作上是更努力了，烟也抽得更加勤快了。

半年后，升职的人又是别人。这回管晨忍不住了，旁敲侧击地问了领导，领导告诉他，他的绩效考评同事给他打的分并不高，只是中等的水平。

这下，管晨火大了，从领导办公室出来后先去楼道抽了两支烟，冷静了一下，继而直接杀去了办公室。他虽然没有明说，但也在办公室里表达了谁有不满可以当面向他提出来的话语，何必在个人考评的时候给他打低分。

办公室的气氛顿时凝结了下来，突然间一个女同事说话了：“我承认，我给你打了低分，可是我打低分是有理由的。你天天带着几个人在楼道抽烟，我们一出门就乌烟瘴气的，简直难闻死了，我准备要孩子了，可是天天吸你们的二手烟，身体会好吗？难闻的臭气搞得我一天心情都不会好！”

管晨哑然，他没有想到自己抽烟这件事会给同事造成这么大的反感！他觉得他不在办公室里抽烟，而是去过道抽，就是很绅士很文明的行为，但是没想到经过过道的人依旧会对此有这么大的反感！看来，他是没有考虑过女同志的感受了……

“嗯，我给你的评分也不高。”一位男同事接话，管晨知道这位男同事从来不抽烟，“你们几个人上厕所的时候总是在厕所抽烟，搞得我都不想上男生厕所了！”

管晨的脸红了起来，此刻，他再也不能说抽烟只是他个人的事情了，他因为抽烟已经连续错过两次机会了，他决定改正，并且去找领导聊一聊。

他们的领导倒是很通情达理，他告诉管晨，他觉得他工作不认真。有时候整个公司都在很急地赶报表，他却总是往外跑，一件事情要坐得住板凳才能做得好，他不相信管晨这样跑来跑去能把事情做得很细致。第二，有好几次开长会，谈论到一些比较难解决的问题，大家都在会议室里头脑风暴，而管晨却总是拿着自己的打火机往外跑，对于他而言，他是去抽支烟“冷静一下”，而在其他同事眼里，他就是没有很好地参与到大家的头脑风暴里面。曾经有一次，管晨只是想出去抽支烟清醒一下，结果就在他抽烟的时候，他的同事想到了一个很好的点子，领导此时便做了决策。等他再回到会议室，已经没有人了，虽然他也有一个不错的创意，可是连说的机会都没有了。

从前，他并不觉得抽烟有什么问题，可是现在看来，问题确实不小。

并不是说抽烟花费的那两三分钟能耽误你什么大事，可是那两三分钟的破裂是从你整个工作时间的完整性中间扣除的，它对你所造成的负面影响远远比你自己想象中的大得多!

所以，适当地戒掉烟草吧，在点燃一根烟的时候，你其实已经失去了很多东西。

有时候，人没有坏情绪的时候，点燃一支烟也会幻想自己忧郁、难过等各种情境，就像是你坐在公交车上靠窗的位置，当你把头靠上去的时候，你总会有一种在拍MV的错觉，并不自觉地带入情绪当中去。

抽烟给你带来的负面影响何其之大，而你根本就看不透这一点，所以，清醒地看待这件事情，抽烟真的不是只关乎你个人喜好的一件事，它就像是嗜好赌博一样，如果别人不在意、不揭穿那就没什么，可是一旦别人开始关注你这一点，那么它就是你人生磨灭不了的污点。

无论你当初学抽烟是为了什么，但是现在，你已经成年了，你已经不再是那个借着抽烟耍帅的小孩子了，你应该清楚地认识到什么该做什么不该做，而且在成年人的眼光里，抽烟并不是一件很帅的事情。

烟草本有害，能戒则戒，望君谨记。

请看清，繁杂的聚会并不能为你增长人脉

当我们二十出头三十不到，初入职场的时候，我们已经粗浅地认识到了人脉的重要性。于是，我们开始尝试各种方式去增长我们的人脉关系。

校友聚会必定参加，同学聚会必定参加，同事吃饭必定参加……尤其是一些做销售的人，每天都在繁忙地赶着场子，玩转于各大KTV和酒吧之间，笑脸面对任何一个可能搭得上关系的人并且递上自己的名片，每天都忙到深夜才回家。久而久之，可以和各种人谈笑风生，自己以为自己的人脉已经非常不错了。

可是，在这里我要非常不客气地说一句：你在酒桌上、KTV包厢里认识的那些人，都不叫人脉。人脉是什么？人脉是可以通过这些人的脉络从而达到自己某些目的，使自己做事情的时候更加便捷和轻松。你的那些朋友，顶多可以叫作认识，可千万别往“人脉”上靠。

Lucy是办公室公认的的朋友最多、人脉最广的人了。

有一天，一位同事买了一部最新的小米手机，见状Lucy说她有朋友在小米工作，能够内部价弄到8折的价格。两个月过后，另一位同事要买小米手机，并且求助于Lucy，Lucy满口答应，可是两周过去了都没有消息，同事忍

不住去问她，Lucy才支支吾吾地说，她的朋友说是不好弄，每个人有限购名额……此事作罢。

Lucy有一个朋友去法国留学了，Lucy在办公室里大谈特谈这位朋友，并且还在朋友圈发过两个人的合影，看上去她们的关系非一般的亲密。有一个同事想买一个包，想让Lucy找那位同学帮个忙，Lucy满口答应，可是这位同学也没有帮她这个忙……

Lucy有一个同乡，在另一家公司做部门经理，一次，我们公司要跟对方公司建立合作关系，让Lucy去联系对方，结果那人根本就没有回Lucy的邮件，最后还是我们经理出面解决了这个问题。

渐渐地，Lucy在同事中的口碑变得不太好了，她要是再说她有一个某某朋友某某同学的时候，大家都会自然而然地反应，吹的吧……

有一次，Lucy实在是忍不住哭了起来……她也不知道为什么，那些同学和朋友在必要的时候为什么都不帮她了呢？她觉得他们之前一起吃饭、唱歌，关系都很好的呀。

她这一哭，引起了大家的注意，大家七嘴八舌地八卦起这些事情来。Lucy有一个朋友在小米，这是实情。那人是她在一个朋友的生日聚会上认识的，她还积极主动地跟人家交换了名片，加了QQ，那人态度和蔼，也非常热情，后来也在QQ上随便闲聊过几句。她认为，这就算是人脉了。

那个在法国的同学，确实是她的高中同学，不过并不是一个班的，只是一个学校而已。她高中的时候就跟这个同学没有什么接触，也是工作后恰巧跟那个人在一个城市，这才彼此有了见面的机会，在一次老乡会上她认识了那个姑娘。她认为，这也算人脉了。

那位公司的经理，也是在那次老乡会上认识的。那位经理待人诚恳、彬彬有礼，还询问了很多Lucy工作上情况，说是有事情随时愿意帮忙。Lucy很开心，她觉得这算是她朋友圈里比较牛的人脉关系了。

可是，一到自己有事的时候，却没有任何人会来帮她的忙……Lucy也不知道为什么，她对此表示非常伤心。

Lucy的情况，就是典型的没有弄明白“认识”和“人脉”这两个词语之间的差别。当然，“认识”“人脉”“朋友”这三个词语之间也是存在着莫大的差别的。

你可以去认识这个世界上的任何一个人，没有什么障碍，吃一顿饭你就能认识她或他。你也可以努力和很多人成为朋友，但是仅靠吃几顿饭就能成为朋友，那是有点难。人脉这种东西，你却不能够通过这样简单的方式来获得的。

因为人脉不依附于这些！

请记住，多余的饭局并不能为你增长人脉关系！

请看人脉的金字塔效应：

人脉的金字塔模型

人脉是有金字塔效应的，一般情况下，人只能跟自己同一水平线附近的人建立人脉关系。处于金字塔底层的人，要跟同一层级的人建立人脉关系似乎并不是那么容易，但是人脉顶层的人，互相之间建立人脉关系则会特别容易。

比如说，你是一个三流四流的小老板，你要找一个三流四流的小明星似乎并不容易。可是，你要是一个处于金字塔塔尖的一个老板，要和一个顶尖的明星搭上关系，那就太容易了。就像是马云可以很随意地邀请贝克汉姆去参观阿里巴巴。

基于这个理论，那位同乡并不愿意搭理Lucy的原因就是Lucy根本就和他不是一个层级上的人，他完全可以忽略不计。而Lucy的老板则是和他在同一层级上的人，他的老板则非常容易通过各种关系找到这位经理。

所以，聚会并不能给你带来太多建立人脉的可能，能突然之间让你遇到人生中的"贵人"，从此迎娶白富美、走上人生巅峰的概率非常之小。所以，想要建立人脉，最有用的方法，就是朝着金字塔的塔尖向上爬。

这样，就又有人说了。他的某某朋友，因为远房亲戚是一个富豪，那位朋友也受到资助，现在过得不错，而有些人，则是遇到了谁谁谁，见到了某些贵人，从此平步青云。

在这些案例里面，有一种关系叫作"亲密关系"，这"亲密关系"也正好可以解释为什么那位法国的同学不愿意给Lucy代购。

原因其实也很简单，Lucy只是她在饭局上认识的一个人罢了。饭局同样建立不起来这种"亲密关系"。

有心理学家的理论，人只愿意对自己的亲密朋友圈不计后果地付出，而对于他人的付出，则不会是那么不计后果。

就像是，你和一个人吃了十次饭，可是还是感觉不到你们之间关系有多么密切的原因便在于此。

亲密关系的建立，最简单的方法，是一次持续过一个半小时的深谈，在这个深谈过后，你们才有成为朋友的可能。然而，在饭局上你根本不可能跟一个人进行超过一个小时的谈话，更不要说是深谈了。

饭局能带给你的只是认识一个人而已，并不能为你增长人脉或者朋友。

增加亲密关系、交朋友则有很多小方法：例如，请这个人去咖啡馆安静地坐上一个下午，聊聊天，最好不要超过三个人；进行一次家庭聚会，双方家庭全部都参与。

这些，可比你忙碌于饭局有用得多。

远离饭局，合理地创建自己的人脉吧，将自己的力量用在朝着金字塔的顶端走，而不是窝在下面大基数的地方，耗尽精力去认识一个人。

如何高效放松？刷剧可以，天天刷就别怕穷

你需要抓住的不仅是你的工作时间，还有你的休闲时间，其实不只是工作时间你的效率高了会有很好的收获，你休闲的时间里利用得好也会有事半功倍的效果。久而久之，你的身体得到了足够的休息和睡眠，这样你就不觉得疲累，生活的状态也会越来越好。

那么，什么是好的休闲方式呢？总的来说，每个人的休闲方式都不尽相同。

有的人觉得睡觉是最能让身体休息的方法，于是他们会抓住每个节假日都睡个自然醒，甚至是任凭自已躺在床上，以求达到养精蓄锐的目的。有的人觉得读书钓鱼是自己休闲的时候该做的事情，于是，他们一旦有空就会去看书，在休息中也获取知识。有些人则喜欢看电视剧，无论是晚饭时间还是周末休息，一有空就看几集电视剧，他们觉得这也是一种休闲放松的方式。有些人则觉得看电影、逛街、血拼是他们的放松方式，但是前提是你的钱包要鼓鼓的才行。

不可否认，这几种方法确实都能让人达到放松的目的，而且每个人的放松都是各家各法，不可逐一而论。不过，放松时间的高效利用就像是工作时

间的高效利用一样，你看似在放松，但是效力的高低就不可比拟了，就像是游戏中你没血了需要血瓶加血，虽然各种血瓶都能为你加血，但是加血的多少和回血的速度，都是不一样的。

然而，休闲时间的高效利用，也并不是没有规律可循，很多社会学家和心理学家的报告都对这一方面做出了很多的研究：花费同等的时间娱乐，哪种娱乐会让人的身心更加放松舒适，更加精力充沛；花费同样的钱，用这些钱来干什么，会让人觉得更加快乐。

这是一个非常有意思的命题，然而研究结果却说明，刷剧根本不能让你获得休闲和轻松。这就是为什么你明明非常喜欢一部剧，可是在你看完它之后只感到满满的困意，只想去睡一觉。

要放松，你需要一个先前准备。

如果你想要获得长时间的放松休闲时光，不可否认，你需要一个准备过程。如果是休年假出去度假，那么你需要把工作的事情都搞定，所有的交接任务都完成，关好家里的水电煤气等一切设备，定好机票、火车票和酒店，将家里的宠物送去寄养，这样，你就可以放心地出门了。

这些事情说起来似乎挺容易，但是很多人往往是做不到的。一些家庭主妇在飞机上突然想到家里的煤气没有关掉，而有工作的人在海滩上晒太阳，突然公司打来紧急电话告知有事情没交接好，想必这些都是非常差的体验，而你更不希望因为自己没有做充足的准备而提前中断假期返回吧？所以，在长时间的休闲放松期间，你需要一个很好的准备。

短期的休闲，你也需要一个准备。比如普通的周六周日，你需要在周五晚上将本周的工作做一个了结。很多人都不希望将工作的事情带回家，甚至是不希望带到周末，可是，如果你周五还有什么事情没有处理好，虽然你在心里不断暗示自己周一也可以做，但是周末你的心绪会在一定程度上被这件事情吸引，脑子里这件事也占有一定的分量，导致你不能完全投入到周末的安排中。所以，如果你想有一个美妙的周末，那么周四的时候你就可以开始盘点本周的工作完成情况，并且在周五花费一上午时间补救，花费一下午时间对周末做计划。这样你的周末会过得非常舒心。

有了一个很好的准备之后，休闲时光你该做点什么才能让自己的时光不虚度呢?

在这个问题上，科学家很早之前就做过很多类似的研究。其实人并非在睡觉的时候，大脑才会处于放松状态。

人的大脑分为很多个区域，每个区域控制着不同的东西，分得更细一点，大脑皮层的很多不同的部位都管理着人学习的不同的技能。例如：你学习舞蹈用的是左脑，你学习数学用的是右脑。你的大脑在长时间工作之后会产生疲乏，那只是你大脑控制你现在所属活动的那一部分感到疲累了。而一个人大脑休息得最彻底的时候，就是在另一个区域兴奋活动的时候，其他区域就会得到非常好的休息，这种休息要比睡觉要管用得多。

有很多伟大的科学家，他们知道了这个法则，可以很好地利用这一点，就像是达·芬奇，他在做生物累了的时候，研究文学，研究文学累了就研究数学，他不断地利用自己的大脑的活动与休息的周期，让自己广泛地涉猎各个领域的知识，从而，他成为一个博物学家。

所以，不仅是吃饭睡觉刷剧对你来说才算是放松，还有更好用的方式，这段时间的利用不仅会使你休息得更好，还能令你更好地掌握技能。

而怎么花钱，会让你觉得更爽?

有一个调查报告显示，人在各种花钱的场合，都会有各种各样的选择。如果你的钱数是一定的，你是用来吃一顿好的，还是用来买一件衣服?你的钱足够多，你是用来买一部车子，还是用来学习一项技能?

于是，便衍生了这样一个科学，如何花钱才能让你觉得更加快乐?

调查报告显示，人的钱在用于遗留性花费上所获得的快乐要比一次性花费来得更加持久，更加快乐。

而持久性花费当中，人将钱用于自己个人能力提升所获得的快乐要比用于物质购买要多得多。

而这其中有一条很重要，将钱花费在提升自己的技能上，你会更加快乐。

这一点，是很多人之前从来没有想过的，大家只会觉得学东西会浪费自己大量的时间和金钱，然而结果却并不是如此。

在这里有一个小故事可以和大家分享。

苏苏是26岁才开始学习钢琴的。原因是自己的工作压力太大了，她有些烦躁，有一天正好路过一个琴行门口，里面的课程在打折，苏苏想着，就报一个吧，报了之后给自己找点事情做。

然而，这件事情对苏苏产生了很大的影响。每周末她都会去练琴，这样她的技能很快就得到了很大的提升，而在公司年会上她的表演，也让大家非常开心。

她觉得自己的生活又多了一种乐趣，与之前吃吃睡睡、逛街刷剧的状态完全不同了。从此之后，她对于言情剧就没有那么热爱了，她也成了会弹琴的女主角，不用再去羡慕别人了。这项技能给她带来的快乐，可比背着一个LV包包要有趣多了。

“翻山越岭”就为便宜两毛钱?

曾经有一个非常火的小品，讲的是一个非常“会过日子”的人，他为了买到更便宜的白菜，翻山越岭坐车去了另外一个乡镇，白菜每斤便宜了两毛钱，但是坐车花了38块钱。

当我们看到这个小品的时候不禁哈哈大笑，笑小品中人的痴傻，笑他的“会过日子”其实是不会过日子。小品是生活的提炼和夸张，常演不衰的小品必然是已经深深扎根进生活的。

或许你会不屑地一笑，人们的生活早就富裕至此，时代变了，谁还会在意两毛钱的便宜贵贱?

然而，一笑之余，我们可曾想过，现实生活中很多人其实都是这个自认为“会过日子”的傻子?

很多人偏偏就经常为了两毛钱而“翻山越岭”，自认为自己非常“会过日子”。但是这种会过日子不仅消耗了你大量的时间，甚至消耗了你更多的金钱!

穷人用时间来省钱，而富人却总是用钱来省时间!钱没了可以再挣，但是时间没了，就永远都找不回来了!

你生活中是否也有过以下这样的时刻？在这些时候你是否意识到自己的“翻山越岭”已经造成了许多巨大的时间浪费？

问题	解决方案
想省下衣柜里收纳箱的钱，于是每次翻找衣服或者换季整理衣柜都要多花出来很多时间。由于衣服在柜子里放置混乱，自己辨认不清，不能合理搭配，结果多花钱买了很多同款的衣服。	永远保持衣柜的整洁性！袜子、内衣、内裤、衬衫、长裤，等等，这些衣物请分开合理收纳，保证1分钟之内你可以从衣柜中找到你想要的衣物！这样还会让你上班不迟到哦。
离家里较远的商场在打折，兴冲冲地去淘了一堆衣服。折扣省掉了200块，但是路费再加上在外的饮食费用，花掉了你400多块。回家后过了一段时间才发现，其实很多衣服你根本穿不上。	理性消费，正确看待打折！打折的东西可以买，你可以在打折上浪费钱，但是绝不要在打折上浪费自己的时间！分清自己需要和不需要，需要的就立刻买，不纠结；不需要的就敬而远之。
突然想吃湘菜，楼下就有一家，但是没有团购。于是就坐地铁花了两个小时去吃有团购的那一家。	团购的兴起让在吃饭上的“会过日子”成为一种风潮。挑选餐馆，永远从“你最想吃哪家”出发，不然你即使吃了团购那家，后面还是会再花费时间和金钱去吃不团购那家的。
家里很多旧衣服旧鞋子舍不得扔，总想着能再穿穿，结果每次收拾衣柜鞋柜的时候都非常麻烦，渐渐地，衣柜放不下了，家里又买了个新的衣柜。	一个家庭主妇，每天在洗衣做饭整理屋子上面花费的时间是很多的！何况工薪阶层的人更需要将自己的精力更多地投入到工作中！断舍离已经成为一种新的极简生活的风潮，将你暂时不用但是却在整理上花费你大量时间的物品都扔掉吧！这样你的生活质量将会大幅度提升！
一般老人，总是舍不得浪费食物，只要食物坏的不是很多，总是不忍心扔掉，剩菜剩饭是一定要吃的。但是，吃了之后拉肚子，去医院的花费远远高过一堆过期食物的价值。	坏掉的事物，就不要再吃了，无论这份食物有多贵！

虽然时代变了，但是人类的生活习性并没有发生太大的变化，之前我们是为了两毛钱的白菜在现实生活中翻山越岭，而现在我们是为了两毛钱的低价在网络的海洋中比个不停！这简直可以称之为“网购综合征”了！

对此，我提出三点建议，仅供大家参考：

1. 网上购物，差不多就得了

自从有了淘宝、京东、1号店等网上购物平台之后，中国的大量女性同胞便前赴后继地奔向了这片“厮杀血拼”的战场！每月总有那么几天要吃土，每年总有那么几个月想剁手！

但是在“买买买”之后，我们是否计算过，网购除了花费了我们的金钱外，还多余消耗了我们许多的时间。

由于网上购物越来越便利，于是我们购物的眼光就越来越挑剔。为了买一双袜子，一定要在网页上货比三家，先挑花色，挑完花色挑款式，挑完款式挑材质，挑完材质挑价格，挑完价格挑卖家……一套流程走下来，差不多两三个小时就过去了。可是，买一双袜子真的需要两三个小时吗？或许你买的这双袜子，可能就比你家门口地摊上的便宜五毛钱。

让我们将焦点定位在网络购物的初衷上，网购的目的是省时间省精力省钱！如果我们整天将时间花费在淘宝上，挑选N多件喜欢的物品，最后一件也没买或者只买了一两件，虽然过够了眼瘾但却消耗掉了你大量的时间！

所以，对于网购，差不多就得了，没有必要再去货比三家挑选最便宜的那件；也没有必要整天泡在上面浏览搜罗各种喜欢却不会买的物件；更没有必要为了买几卷抽纸几双袜子纠结半天……只要你买的东西不算多，那么一般的网购最多半个小时就搞定了！

控制你自己在网页上浪费的时间，你的时间就是金钱！

2. 家庭用品，请就近购买

网购发达了之后，很多人便开始依赖于网购。家里的一瓶洗洁精、一个钥匙扣、一个洗碗刷、一块拖布或者一个马桶垫都要去网上购买！其实我们想想，这样有必要吗？

像这类生活用品，我们可以在小区附近的任何商店或者超市找到。当我们需要的时候，随时可以去超市购买，即买即用，方便快捷，完全没有必要非得在网上购买，再等上三四天的快递。

而家里用的毛巾浴巾一类的东西，主妇们对材质的要求都比较高，有时候不是自己亲手摸过的，总有些不放心。那么，还是去超市买眼睛看得见、手摸得着的比较好，这样可以帮助你省去很多在网上挑选、比较和看评论的时间！

为了一些家庭用品再走一遍网购的流程实在是太不值得了，你下楼拿一趟快递的时间不就足够你下楼买一瓶洗洁精了吗？

所以，家庭用品，请就近购买！

3. 快消品请一次买够

对于家里的一些快消品，我们常常很少换款式。比如说，你觉得一款牙刷好用，那么换牙刷的时候你往往还是会选择这个款式；你觉得一款洗衣液好用，那么往往一年之内你都在用这个洗衣液；你觉得哪个抽纸的质量还不错，那么下一次你可能还会买这个品牌的抽纸；姑娘们用哪个牌子的卫生巾，除了日用与夜用之外，也很少换品牌的。

所以，对于快消品，为何不一次买个够？

我们家的抽纸都是按照一箱一箱来买的，每次都基本买够半年的量，半年内再也不需要花费时间在买抽纸上。我们总监家里刚刚生了小宝宝，他的做法更绝，一次性买了三千块钱的尿不湿和婴儿用纸，因为他觉得在购物快消品上花费时间是一件非常不明智的事情！

如果你想要生活更便捷，那么那些你不大会换款式的快消品，就一次性买个够吧！

20分钟法则，让你变身超人

随着生活节奏越来越快，人们的生活压力也越来越大，互联网研究用户行为学中出现了一个新名词：碎片化时间。

甚至有人认为，商家能抓住用户的碎片化时间就一定能赚钱；个人能合理地利用自己的碎片化时间就会取得意想不到的成效。

在我们在生活中，经常会遇到很多有趣的时间上的巧合。

在我大学时候也曾经遭遇过看书看不进去的问题。那时候，我请教了我们班的一个学霸，他告诉我说，每当我觉得不想看或者有了退缩心理的时候，尝试让自己努力坚持20分钟，20分钟之后，就会好很多。我经过了很多次的尝试，果然特别有效果，20分钟之后我基本都能进入到状态去学习。

我们学校的篮球校队一直特别厉害，每次比赛之前，他们都要做很多的热身运动，当时的篮球队长说，他们一般大赛前热身运动的时间也恰好是20分钟。

繁杂的代码是每一个程序员都必须要弄明白的东西，公司里常常会有新手进来，老程序员负责教他们，而一般老程序员在给新程序员一个例程之后，都会说："你先自己熟悉20分钟。"

如果公司要决策某件事情，大家需要充分地讨论，一般主会者会说："大家先自由讨论20分钟，20分钟后我们来讨论。"

一般大型的会议，休息时间正好是20分钟；

一贴面膜的时间，恰好是20分钟；

一段健身视频的时间，也差不多是20分钟；

……

你是否有注意到，在各种各样的场合，都会出现"20分钟"这个时间段，这真的只是一个巧合吗？

对于这个奇妙的20分钟，管理学家和心理学家们做了大量的研究，在他们看来，20分钟绝不是一个巧合的数字。管理学家提出，如果我们将自己的学习生活切分为很多个20分钟的组合，那么我们的效率就会成倍提升！而心理学家提出，人进入到读书学习或者思考休息的状态所需要的时间阈值，恰好是20分钟。

1. 坚持20分钟，你就会进入状态

20分钟可以使你浮躁的心情逐渐沉静下来，慢慢进入到学习的状态中去；20分钟可以让我们周身完全活动开来，调节机体进入一个良好的兴奋的状态；20分钟可以是一段简单的学习过程，可以让人经历从不懂到大致看懂再到有点懂了的过程，从而大脑处于兴奋与高速运转的状态，注意力也会非常集中；20分钟足够几个人将一个简单的问题讨论明白，并且充分发表自己的态度和观点，达成一个简单的共识；20分钟也足够你有一个较为充足的休息，足够你活动一下筋骨，补充一点体能……

所以，当你不知道自己该坚持还是放弃的时候，将20分钟作为一个目标节点吧，坚持20分钟后，你就是不一样的自己。

2. 专注20分钟，你的效率就会提高

在第四章，我们曾经提过一个高效工作法：番茄工作法。

其实番茄工作法正是利用了20分钟原理。它以每20分钟为一个时间段（更多是以25分钟为一个时间段），要求使用者在这20分钟之内不为外物所干扰，全心全意地投入到自己当前手头上的事情中去，这样你的工作状态就会越来越好，你的效率也会越来越高！

所以，如果自己比较繁忙或者状态不好的时候，尝试让自己专注20分钟，你的状态就会慢慢改善！

3. 努力20分钟，你会变得不一样

有意无意状态下的20分钟，确实能起到意想不到的效果。既然明白了这一点，我们又要怎么来很好地利用“20分钟法则”呢？

我的一位朋友Eason是一个来自几内亚比绍的投资者，他只有29岁，却已经通晓七国语言！

他不是什么语言天才，他告诉我们他学习语言的秘诀就是，每天都坚持学习一门语言20分钟！或许就是这每天的20分钟，成就了一个7国语言通。

在工作上，我们可以利用20分钟法则，使用番茄工作法使我们的工作更高效。而在生活和学习上，我们也可以合理地利用20分钟法则，将生活划分成很多个20分钟来完成所需要完成的事务。

20分钟之内刷牙洗脸穿衣，20分钟之内将家里所有的需要洗的东西全都放入洗衣机，20分钟内拖好地喂好宠物，20分钟看书，20分钟画画，20分钟敷面膜，20分钟进入睡眠……

女性同胞每天坚持20分钟做家庭瑜伽，让你保持好身材。男性同胞每天花20分钟进行冥想，放松压力让自己的身心更加健康。

4. 休息20分钟，给自己一个更好的状态

我的同事西西在休息的时候比较喜欢利用20分钟法则，她认为长于20分钟的休息实在是浪费时间，而短于20分钟的休息时间则休息不够，因此她每天中午都只休息20分钟。在她成为销售总监以来，休息20分钟已经成了她扫除阴霾、满血复活的不二法宝。

在西西的部门中，每次开会中间休息的时间她都设定为20分钟；她的每次职场分享和公开课，也会将休息定为20分钟。这样久而久之，她已经可以调节自己的身心，让自己在20分钟内充满动力，更好地迎接挑战！

午睡有必要吗？看看有钱人是怎么做的

在前面我们讲到过，疲惫的大脑是无法思考的，我们没有办法用疲惫的身体来产生很高的效率。放到一天中来说，就是我们必须要保证充足的睡眠，来让我们的身体处在一个很好的状态中。

有一个观点，一直到现在都还存在很大的争议，大家的做法都不一样。那就是，午睡到底有没有必要？

有些公司和员工认为，午睡是很有必要的，于是他们每天中午都会有将近一个小时的休息时间，大家可以在桌子上趴着睡一会儿，以保证下午有更好的状态。

可是，有些员工偏偏就是相反的。他们中午睡不着，即使睡着了下午醒来后脑袋也会晕乎乎的，很难再次进入状态，很影响下午的工作效率。于是，有很多公司中午是没有休息时间的，他们认为中午午休不午休对员工来说根本没有什么差别，也不会影响到下午的工作。

到底哪一种说法对呢？我们中午到底应不应该午休呢？

我觉得，对于这个问题，大家确实过于较真了。这就跟豆腐脑是甜的还是咸的的问题是一个道理，没有什么追究下去的必要，大家对于这个问题真的是过于认真了。

我也曾经是一个不知道该不该培养自己午休习惯的人。我上学时，所有老师都告诉我中午一定要休息，这样下午才有精神，可是我中午从来睡不着，都是在看书或者在玩。而我工作后，尽量保证自己每天中午都休息，可是有时候睡觉起来会清醒很多，有时候醒来之后脑袋会晕乎乎的持续一个下午，什么事情都干不了。

对此，我还专门请教了一些我比较崇拜的人，想知道他们是怎么处理午休这件事情，怎么让自己的状态维持满分的。

那时候，我在一个民营公司做董事会的工作，我就曾经问过董事会内很多领导关于他们午睡的问题。

我们董事长是一个相当勤奋的人，他不但不午睡，每天的睡觉时间也只有6个小时左右。每天他基本忙到晚上十一二点，回家后还会和各类商场上的朋友电话或者微信，有时候一起喝茶，有时候一起喝酒。但是不论忙到多晚，他都坚持早上6点起床，然后开始进入到一天的繁忙当中。他的午休是完全没有的，每天从早上他就已经开始了完整的一天的工作，他的工作没有上午下午之分，只有几点该去做什么事情，在两件事情的间隙，他会选择休息一下。

董事长说："我没有午休，而且我并不觉得午休必要，主要还是看你怎么支配你的时间吧，这是一个比较私人的、完全可以自己掌控的问题。"

我们的董事会秘书是一个中年女强人，她是每天中午都要午休的，如果因为有事情没能休息，她下午的状态就会特别不好，一般到3点多的时候就会犯困，非常影响她接下来的工作。因此，她在办公室买了一个小沙发，每天中午都会睡半个小时，绝对不会含糊。

董事会秘书说："我觉得午睡对我特别重要，有机会的话还是中午睡一下的好，这会让你一下午都比较有精神，对你身体也好的。"

董秘也代表了很大一部分的人的状态，他们觉得午休不仅是必要的，而且是必须的。

其实从这两个人身上，我们就能看出些许端倪来，午睡这件事情确实和你是什么人相关。

需不需要午睡跟很多事情相关：你的工作性质、工作内容、你的年龄、你的身体状况甚至是你的性别。一般来说，年龄大的人比年龄轻的人更渴睡一点，女性比男性更需要短暂的睡眠时间，身体状况不好的时候比身体状况好的人更需要多休息。

所以，如果你每天中午都午睡，完全没有必要觉得你是在浪费时间，而每天中午都不午睡的人，你完全没有必要觉得这样会对你的工作造成什么太大的影响。当然，这些都建立在你目前每天的工作生活都井然有条的状态下，如果你已经觉得自己的状态出现了些许问题，那么你确实就该调整一下了。

1. 中午睡不着，下午又犯困

如果你处于这种状态，那么建议中午还是休息一下比较好。午睡是一个习惯，也是需要经过一定的培养和练习才能很好的进入状态。在午睡的时候，你可以设定一个20分钟的时间段，20分钟内肯定是躺着不玩的，无论你有多么清醒，而在20分钟之后，即使睡意渐渐来袭，那也一定要立刻醒来，长此以往你就会养成习惯，午睡的状态你就可以自己调整了。

2. 中午睡着了，下午还犯困

对于这种人，我的建议是，你可以取消自己的午睡时间，因为午睡对你的神经系统调节是不起作用的，你可以换一种方式以达到休息的目的。如果喜欢听歌，中午的时间不妨听一两首舒缓的音乐来放松一下身心，以达到更好的休息效果。

我们必须清楚一点，睡眠并不是休息的唯一途径。

在生物学上，大脑的休息状态并不依赖于睡眠。大脑皮层分为很多个片区，每一个片区控制着不同的功能。例如有一块大脑皮层的片区是控制着你的运动，而另一块大脑皮层的片区控制着你的阅读，生物学的研究表明，当你阅读了很久之后，控制阅读的大脑皮层片区便会趋于疲乏，而此时你再去运动，控制运动的大脑皮层片区便开始工作，而控制阅读的大脑皮层片区便进入休息状态，而这种休息比所有大脑皮层片区都进入睡眠状态，要深入得多！

也就是说，当你做一件事情累了，换一件事情做其实比睡一觉更能让你得到更彻底的放松和休息。

当然，这也不是说睡眠不重要。睡眠是我们保持体力最有效的方法，也是很多成功人士借以放松的载体，所以，科学地看待睡眠问题，并合理地利用自己的睡眠周期，会让你的效率更高，效能更大！

零散时间还可以这么用

上班等公交车的时候，下班回家的地铁上，中午食堂打饭排队的间隙，约了客户还没到的空隙，开全体会议老板还没来的时候……生活中我们经常遇到这种状况，在这种状况中我们会有一小段时间是无事可做的，这段时间一般时长不是很长，并且随时可能被中断，我们称之为零散时间。

关于零散时间的讨论已经屡见不鲜，在诸多的著作和文章中大部分人已经了解了零散时间的概念，并且已经很深刻地认识到零散时间的数量之大，甚至有些人的统计结果显示其一天工作时间的三分之一都是零散时间！可是，明白了零散时间的重要性，如何合理地利用零散时间，却是一个充满技巧和挑战的事情，零散时间利用得好，可能对于你的人生会是革命性的改变！

零散时间的有效利用会让你的人生发生革命性的改变，这句话并非夸大其词。

我曾经问过很多人他们觉得该如何利用零散时间，得到的回答总结如下：（1）可以利用等公交的时间背几个单词，学习一门外语；（2）可以在机场等人的时候看本书，电子书最好；（3）可以在飞机上看书、画画、和人聊天增长见识；（4）可以在排队上厕所的时候……似乎没有人能回答得出这个问题。

这样的回答想必每个人都想得到。几分钟时间可以背诵一两个单词，长期积累下来就是几千个单词量了，外语自然会提升；十几分钟读几页书，久而久之一本书很快就读完了，增大了自己的阅读量。这种做法看似没有什么问题，也算是利用了碎片化的零散时间，可是，这真的是最佳的零散时间利用方案吗？

我身边的一个同事Danny真的是这么做的，但是半年下来也没见到他有什么太大的变化。工作比较闲的时候，他还可以跟大家聊聊行业新闻以及最近学到的一些新事物，但是工作一忙起来，他就完全没有时间关注这些了。但是我也关注到，我的另一个同事Sandy，无论工作忙不忙，他都能第一时间掌握行业的最新新闻，总能带给大家一些新的变化，个人成长也非常快。这两个人同在一个办公室，工作内容也是一样的，所以能够影响到他们的应该就是零散时间了，于是我与这两个人进行了谈话，得知他们两个人每天生活的内容都是这样的：

- 工作，忙项目。
- 吃饭。
- 给父母打电话。
- 和朋友聊微信（各种人群，工作群、兄弟姐妹群、社交技术群等）。
- 刷微博、朋友圈、QQ。
- 与客户聊天，保持关系。
- 看专业方面的书籍，学习英语，学习钢琴。

这两个人每日的内容几乎都是这些，更有意思的是两个人是好朋友，一起报了钢琴班，也相约一起学英语，而且按月算下来，两个人在这些项目上花费的时间也都差不多，但成效却相差极大。

通过与Danny的谈话，我得知他每天的时间安排大致是这样的：早上上班和晚上下班在地铁上看专业相关书籍，从他家到公司大概一个小时，每天他可以在地铁上看两个小时的书，偶尔也会背背单词。一般他会在早上刚到办公室的时候花费两个小时去和客户保持联络，以示尊重和友好。白天的时间他全部分配给了工作，工作累了的时候就刷刷微博，看看朋友圈。在和客户有约的时候他一般都会先准备好，等待客户的间隙他也会用手机软件背背单词。晚上下班回家，他便完全放松了下来，给家乡的父母打个电话聊聊家常，和亲朋好友聊聊微信维持一下友谊，洗完澡后练一会儿钢琴，然后上床睡觉。

这样看来，他的零散时间安排得还不错，而且可以看出来他是一个负责且孝顺的人。可是，在听完Sandy的时间安排之后，你可能就不这么觉得了。

Sandy家距离公司也有一个小时的路程，每天他在地铁上一边听钢琴轻音乐一边和客户聊天，而此时客户也可能恰好在地铁上，两个人都有充足的时间来进行一场深入且有趣的交谈，地铁的拥挤也因为两个人的聊天投机而变得愉快起来，久而久之他和客户除了工作上建立的合作关系，生活上也成了朋友。来到办公室后，他便全身心地投入工作，工作累了的时候，他会去走廊给在外地的年迈退休的父母打个电话聊聊家常，聊完之后他便觉得自己又充满了能量，又可以全身心地投入到接下来的工作中去了！在等客户的时候，他都会一遍一遍地看自己准备的资料，尽管这些资料他都已经烂熟于心，但他仍力求谈话简短有效、对答如流。上厕所排队的时候他会刷刷朋友圈，看看群里的留言，适时地回复一两句，保持朋友之间的友谊。回到家后，他就有了大把空余的时间，此刻他会专门花两个小时来学习专业知识，看书练习。在睡觉前，他会花费一个小时的时间来练习钢琴，听了一天的轻音乐，他已经将旋律烂熟于心了，练起来也得心应手。

看出来了吗？两个人做着同样的事情，可是在不同时间做的，差别居然如此之大！早上地铁上拥挤烦闷，根本不适合看书，更不适合看专业类的书籍。看书不仅是看，还需要消化和吸收的，Danny的做法无异于走马观花，自然起不到应有的效果。而在地铁上百无聊赖恰好适合和客户随意聊天，适合和朋友QQ微信。白天工作中自然会遇到烦闷、不爽和累了的时候，很多人都会选择玩会儿手机刷个微博，可是有多少人想到正好可以和父母聊聊，用亲情的力量给自己加加油呢？晚上下班后的时间是非常宝贵的，因为这是一块完整的、未被分割的黄金时间，这块时间适合完整性地去学习某种知识或者技能。如果将这么宝贵的一块时间碎片化地分割开来，用来社交、休闲、关心父母，未免就没有那么物尽其用了。

从这两个人的实例中可以看出来，两个人都完成了工作、课余学习充电、社交、家庭等各个方面的职责和需求，但产生的效果却完全不同！

所以，合理地安排你的碎片化时间吧，不是所有的零散时间都适合用来看书充电背单词，其实你还可以干点别的，来为你的学习和成长省出一块更完整充足的时间！

第六章

你已经没有时间可以浪费了

阅读本章，你将会收获一份更清晰的人生规划，达成一个你想做却不敢做的愿望，拥有一份更加美好稳固的感情。

你的人生还剩下多少？一起测测看

今年你多少岁？你的人生还剩下多少时间？你还有什么没有完成的愿望吗？

当我们几个朋友一起聚会聊到这个话题的时候，大家都哈哈一笑，没有觉得有什么压力。我们都是八零九零年代的人，最多也就三十多岁，还属于人生中的壮年期，对于行将就木这件事还没有什么太大的感觉。大家七嘴八舌地随便说说，再附带几个不着边际的愿望，大家也不甚在意，心想，反正我们都还有大把大把的时间来完成自己的愿望，未来的日子还长着呢！

可是，未来的日子真的还长着吗？一位朋友拿出了一张白纸，给我们上了一课。

"如果说人的一生能活到一百岁的话，我们可以把人生按照每十年一划分，分为十个阶段。"朋友说着，用笔在纸上画了起来，他将白纸画成了十等分。

"我们1~10岁的时候基本都还不懂事，这十年我们先划掉。"他说着，将十等分上的第一等分涂上了黑色。

"而10~20岁，我们基本上都在学校里面学习技能，没有什么太大的自由空间。”他说着，将第二个十等分涂上了另一种颜色。“而现在，我33岁，我的20~30岁也已经过去了。”

说着，他又把20~30岁那一档也划去了。紧接着他将白纸最下方的三行也全部划去了：“一般，我们70岁之后，身体就已经力不从心了，那时候，我们已经没有体力或者说没有能力去做我们想做的事情了，成功啊财富啊对于一个70岁之后的老人来说都已经没有任何意义了，估计那时候的我们整天想的最多的就是如何避免身上的疾病过早夺去我们的生命。”

然后，他的表格就变成了下面这个样子。

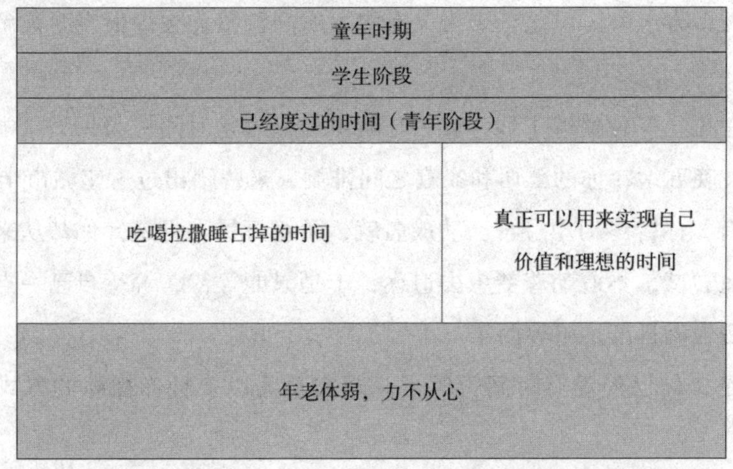

然后，他将纸张上面的部分撕了下来，只留下空白的格子。

“这是我现在所拥有的人生，并且随着时间的流逝，我的人生在一点一点地缩短。”他说道，“这么一片纸上，吃喝拉撒睡，最起码要花掉我一半的时间。”

说着，纸张又被他撕掉了一半。

现在，躺在他手掌心里的白纸少得可怜。

不知道是不是他这种方法过于直白化，将自己的人生所剩余的长度明明白白地摆在了大家的面前，那一小节白纸的长度着实是让人触目惊心。

一圈朋友，停止了东聊西聊，全都沉默了。

是的，我们的人生本来就是短暂的，只是我们身处其中一直浑然不觉。

曾几何时，我们心中也有过这样那样的美梦，可是，我们总以为我们还有的是时间，我们还有的是机会去实现那些盘亘在心里的希冀，却在不知不觉中发现，我们已经没有多少可以用来浪费的时间了，人生的追求还有那么多，你都完成了吗？

你曾经想过等你有时间了就去孝敬父母，可是，你还剩多少时间？你的父母还剩多少时间？都说尽孝是不能等的，你可曾真正体会过这其中的道理？

你总是觉得，等你孩子稍微长大一些再去陪陪孩子，而现在你需要的是广交朋友多方应酬。可是，未来又有多少时间留给你去悔恨当时浪费掉的美好时光？

你总说，等你攒够了钱，就去环游世界，可是时间一天一天过去了，你仍旧朝九晚五地在你的公司和家庭之间徘徊，未曾踏出过这座城市半步。

还有，你曾经幻想过自己功成名就，腰缠万贯。可是，你却从来不敢冒险，不敢尝试，不敢朝着梦想去追逐，于是只能等待，等待自己一点一点老去，然后告诉自己，再等两年。

可是，你已经没有时间再等了。现实总会以一种赤裸裸的方式告诉你真相。

那一场饭局，很快就散了，这是我们这些朋友这么长时间以来，散得最快的一次饭局。

“我先回家了，我儿子幼儿园快放学了，很久没去接他了！”小王最先告退。

“嗯，我最近休假，也该回趟家了。”小孙也起身告辞，在他还没走出餐厅大门的时候，便听到了他已经拨通了老家的电话，“妈……”

小美女小薇的脸上终于有了光彩和笑容，她工作之后并不是很喜欢自己现在的工作，她一直想考研究生，再去学校读几年书。但是她没有勇气辞职，因为现在这份工作无论从各个方面上讲都能满足她现在的所有要求——不低的薪水，良好的机会。她怕她辞职之后，就再也没有这么好的机会进到这么好的公司，她怕自己考不上研究生，她怕自己读了书之后也是浪费时间，还影响自己的收入。所以，她一直在纠结，一直在犹豫，一边背单词，一边默默地等待着自己想清楚……

"明天，我就去跟我老公道歉！"小琪的这个决定着实让人惊讶！她和老公总是闹矛盾，两个人的关系一直不好，冷战分居已经一个月了。"这样子看来，人生已经没有多长的时间了，何必花费在不必要的置气上，现在看来，自己之前所做的这一切，确实挺傻的。"

所有人都替她感到高兴和骄傲。

也有人不说话，在沉思。是的，大家都想到了很多很多，明白了很多很多，仿佛在一瞬间所有人都茅塞顿开了。

想要给家人更好生活的，你要去努力赚钱了；想要给孩子更好的环境的，你要去努力赚钱了；想要有一个更舒适的生活环境的，你也需要去努力赚钱了。

钱在这个社会上是一种交换工具，我们每个人都需要它，需要它来完成我们所有的目标，所以，挣钱并不是一件不光彩的事情，相反它能反映一个人的努力程度。而现在，你甚至连思考赚钱到底好不好的时间都没有了。

那么，为什么还不去努力？为什么还要浪费时间呢？人生已经没有那么多的时间留给我们去浪费，去后悔了。

从现在开始，你要努力过好你接下来的人生，让你的生活有意义！

如果你已经从此刻开始清醒，那么奋起而直追吧，剩下的时间，你还可以好好过！

在有限的时间里，你还想做些什么呢?

当我们已经明白了我们的人生其实已经没有多少时间可以浪费了，很多人抓住时间破茧成蝶，而有些人则又陷入了另外一个怪圈里：有时候很多选择不是你自己可以决定的，为了生存和生活你不得不放弃某些愿望，有时候梦想和现实看上去是完全不搭边的，甚至这两样东西是完全风马牛不相及的背道而驰。

于是，有人便陷入了两难境地：我的时间只有一份，如果我用来追逐梦想，那么我的生计可能无法维持；如果我用来维持生计，那么我就没有时间去实现梦想。我的时间真的是太少了，完全不够用！不是我不想去追梦，而是我根本没有时间去追梦！

在这个时候，很多人便止步不前，让梦想仅仅就只是梦了；而有些人却总是能无往不胜，达成心愿。

你身边一定也有一些这样的人：

上中学的时候，有些同学足球踢得好，篮球打得好，还精通钢琴、国画，最后还考上了清华；

工作的时候，有些同事无论给他多么重的任务他都能从容应对，背地里一打听，人家还正在读在职研究生呢；

生活中，有些家庭主妇简直就是全能战士，不仅能将一家老小照顾得妥妥帖帖，还有空余时间研究菜式，学习插画，练习瑜伽；

……

那么，为什么别人能在有限的时间里达成梦想而你却做不到？梦想和现实真的就不能合理地融通吗？

我的同事童话，曾经就是这么一个人。他是个规规矩矩，就连做梦也在写代码的程序员，而他最喜欢做的事情却是射箭。

游戏公司的程序员绝对是程序员中的战斗机，衣食住行几乎全部都在公司，有些宅的人可能一年之内都出不了园区，两个月都不出办公室。加班如斯，他们工作是写代码，日常娱乐也是写代码，在这群跑个步都能算是健身达人的世界里，像射箭这种需要特殊场地和时间的运动根本就不可能被实行。

于是，童话刚来到公司后，和公司里的其他人一样，也慢慢地忘却了自己的爱好和理想，只全身心地投入到繁忙的工作和无止境的加班中，幸而有与他付出的辛苦所匹配的收入支撑，让他还有些安慰。但是，日子一长，射箭的爱好便一直在他的心里躁动，让他写代码的时候手都会痒痒，于是他开始思考如何改变。

几年后，童话的爱好并没有像公司其他数千名员工那样石沉大海。他完成了人生中第一个世界级的射箭比赛，并且取得了全球第52名的好成绩！

为什么他可以让工作和梦想互相成全，在眼前的苟且中也到达了梦想的远方？

童话对于自己的传奇经历是这样解释道：“那些你看似遥远的目标，在你启程追逐的那一刻，便已经缩短了一半的距离！你想要的东西、想过的生活、想做的事情，其实并没有你想象中的那么困难，那么难以抉择。在你决定做的时候，这个世界虽然会有反对的声音，但是支持的声音却也多了起来！”

所以，不要让你自己想做的事情仅仅只停留在想的层面，动手去做，你就已经成功了一半！

童话跟我们讲了他在公司这五年来追逐梦想的经历。

来到公司的前两年，他已经完全放弃了射箭的爱好，因为没时间。但是后来，他越来越怀念当初热爱一件事物时的感觉，便又找出了自己的装备，下班后对着几个快递盒子练习练习，偶尔过过手瘾。

一次偶然的机会，他在公司的内部网站上发帖，想要找找共同爱好的人，于是，张明给他留言了。张明也是骨灰级射箭发烧友，但也无奈每天加班，早已没了激情。

两个人一见如故，对射箭的热爱再次在他们心中燃烧起来，于是他们经常相约切磋，还买了全套的练习设备。这套设备让童话身边的朋友非常感兴趣，他们也想学习这项运动，希望能有人指导，童话都一口应承了下来。

虽然设备有了，伙伴有了，但是他们每天晚上下班都快11点了，总不能黑灯瞎火地召集大家去训练吧？对此，张明想出了一个好主意：他们每天下午有半个小时的下午茶时间，他们可以利用这半个小时的下午茶时间练习！

于是，两个人将射箭的靶子搬到了办公室楼下的空地上，并在旁边竖了块牌子"员工想在此练习射箭，私人物品，还望保洁和物业不要收走，谢谢。若有影响，请致电：132××××××××"。

结果，令他们意想不到的是，物业非但没有将他们的靶子收走，还在公司空余的地方拉起了一道警戒绳，防止外人进入，专门给他们圈出了一个练习场地！

物业的这一举动，极大地鼓励了童话和他的同伴，他们每天利用半个小时下午茶的时间在这里练习、放松，围观的同事也越来越多。越来越多的人想要加入他们的行列。

受到了鼓励的童话给公司的HR经理发了一封邮件，详细地叙述了目前的情况，请求公司成立一个官方的射箭俱乐部，让公司里有兴趣的人都可以加入进来。

很快，HR经理就回复了童话的邮件，她认为童话的提议非常好，公司不仅会设立射箭俱乐部，还决定设立其余十个俱乐部，而且，每个月还会给每个俱乐部发放一千块钱的活动经费，俱乐部可以聘请专业的老师来授课，费用全部由公司报销！

俱乐部正式成立之日，童话的纯业余爱好完全变成了公司名正言顺的官方组织！丢失多年的梦又找了回来！俱乐部的几个元老立下目标，将以进入世界级比赛为目标，不断拼搏！

终于，一年之后，他们如愿实现了自己的梦想，童话拿到了全球第52名，张明拿到了全球第27名的优异成绩！

所以你看，那些看似对立的事物其实都没有那么多矛盾点，那些看似不能达成的愿望都有其必将达成的通道，那些看似已经挤不出来的时间里其实还暗藏玄机！只要你的愿望还足够强烈，只要你敢坚持，只要你肯迈出第一步，总能等到柳暗花明的那一天。

只要你想做，办法总比问题多！不要为无能找借口，要给成功找方法！

我们来分析一下童话的行为，他达到目标的过程都运用了哪些我们之前讲到过的规则和技巧呢？

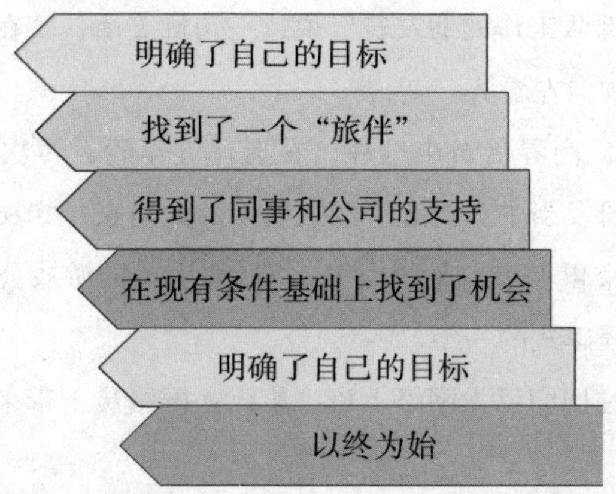

将我们讲过的规则灵活合理地应用，你将会有不小的收获。

所以，不用抱怨时间有限，不用抱怨事与愿违，在有限的时间里，你还想做些什么呢？努力吧！朝着梦想，勇敢地去攀登你自己人生的最高峰！

有任务就立刻执行，不给自己找借口

军队在训练新兵时候，第一件事，就是要他们绝对服从命令，绝对不允许拖延，不允许怠慢，不允许讨论，不允许交头接耳。

军人的生活习性是很可怕的：豆腐块状的被子，朝着一个方向的牙刷，一个褶皱都没有的床单，还有一声令下集合马上全体必须到齐的铁的纪律。

我的一个在部队工作的朋友曾经说过一句玩笑话："在军队里，就连路边的石头，都必须向左看齐。"

2015年中旬，商界传奇史玉柱，在退休五年后，再次回到巨人网络上班，亲自参与到研发当中，当起了巨人网络的大当家。2016年，巨人网络完成了纳斯达克退市再上市，是国内第一家A股上市的游戏公司，这一年对巨人网络肯定是里程碑式的一年。

然而，史玉柱回归巨人网络上班，给巨人网络员工带来的第一句话是什么呢?

"我跟马云讨论过很久，公司只有3个人有资格谈战略，其余人只要专心做好你现在手头上的工作就行，如果让我听到谁在公司谈战略，我就开除谁！"

这是史玉柱回归巨人网络后在第一次全体员工大会上的讲话。

为什么员工不可以谈战略？很多人会认为，大家在一起讨论战略，讨论未来，讨论宏图和愿景其实都是为了公司好，为什么公司要把每一个有着“长远”目光的人压制成只看得见眼前工作的“鼠目寸光”的员工呢？

难道商界传奇史玉柱会不懂这个道理吗？显然不是。他将这个问题当成一个战略性的观点，在公司全体员工大会这么重要的场合提出来，其实是精明如他，早已经看透了大部分人都只会说不会做、眼高手低的本性！

其实，不光巨人网络的员工，我们每个人身上都或多或少地存在着这样的毛病。做起规划来高瞻远瞩，说起愿景来头头是道，分析起局势来高屋建瓴，但做起事情来却是拖拉散漫，永远是思想上的巨人、行动上的矮子！

我们身边这样的人少吗？其实一点也不少。男同事休息时间一起去打个台球，嘴里讨论的是叙利亚战争，一直都到了工作时间，嘴里还不住地谩骂着某国领导人的无为；妇女们出去买个菜，讨论的也是老板不好待遇不公，倒还真没听谁闲谈时夸过自己上司人好的；一个办公室的人一开聊，准绕不开房价车价油价，国家政策讲得头头是道的一定是那个根本不买房的……

然而，我们只是平凡人。我们不是联合国主席，管不了多国战争；我们的能力远远不及我们的上司，我们没有资格去褒贬他们；我们也不是国务院的某一位领导，房价油价也不会因为我们过多的讨论而降低。

我们只是普通人，我们的眼光有限，所以我们在看待问题上往往并没有站在高层的人看得远，看得全面，因此我们提出来的很多观点都片面且肤浅，但却自以为是地觉得自己实在是了不起！

所以，无论是民生大计还是公司战略，我们关注就好，实在是没有必要花费自己大量的宝贵时间去指手画脚！

一个成熟的人，一个优秀的人，应该学会的是在有了目标之后立刻去执行，而不是坐在那里用口才来讨论目标的可行性！如果你将这一点运用在你的实际工作中，那么你的绩效一定会以一种让你惊讶的速度上涨！

那么我们再反思一下我们自己，我们是否也对自己像这样不负责任地光说不做过？我们的多少计划和目标都是因为我们没有执行力而泡汤了呢？而你作为自己的总裁，由于管理不好自己的时间和惰性，你已经损失了多少财富？

人是有惰性且脆弱的，我们总是能为我们的失败找到这样那样的理由来自我安慰，于是我们在自我安慰中自我催眠，最终碌碌无为。有多少人是将当月计划的清单列了无数遍，却没有一个月能完成计划，最后连清单也不列了的？

可是，你知道吗？那些成功的人从来不为自己找借口！

在这里，我想讲一个创业者周旭的故事。

周旭大学毕业就去创业了，他创业的理由很简单，因为他是浙江人。可能了解一点中国地理经济的人都知道，在浙江温州一代，盘踞着大量的工厂，有的城镇几乎家家都是小老板，家家存款过千万。在那里，大学教授不值钱，留洋海归没市场，只有老板才会受人尊重。从小在这种环境下长大的周旭，自然是有一个老板梦的。

那时候，他没钱、没背景、没地位、没技术，是一个不折不扣的“四无”人员，我们都建议他不要冒险，可是周旭根本不听。

依靠家里给的一小部分启动资金，周旭的事业在磕磕绊绊中起步了。学了四年工商管理的他，照着书本上的样子开始经营了起来，注册公司，招员工，面试，走流程……两个月折腾下来，他觉得自己的公司还是没有建立起来，最起码还有80%的事情没有做完。

感受到挫败的他非常迷茫，约了一帮朋友去喝酒谈心，酒桌上一个同学安慰他道：“周旭，怕什么呀？你们家乡不都是小老板吗？那些连小学都没毕业的人都能把生意做大，你一个名牌大学的硕士生为啥就干不下去了？大不了回家去跟他们取经啊！”

这句话点醒了周旭，第二天他便和几个合伙人一起回到了老家。在自己父亲的引荐下，他见到了几个当地比较有名的老板。周旭客客气气地将自己的企划书递给几位前辈请求指导，那些大佬们互相看了几眼，不约而同地笑了。

"孩子，叔没啥文化，看不懂你这都跟小说一样厚的东西哟！"一个服装老板说道。这位老板很有钱，平时的座驾是玛莎拉蒂，听说家里还有两辆宾利。

周旭脸一红，不知道该怎么办了，他将求助的眼光投向了自己的父亲。

"你就直接说吧，你想干啥，准备怎么干。"父亲说道。

周旭清了清嗓子，结结巴巴地说了一下自己的计划，几个人耐心地听着，没有打断他。等他说完，一个老板说道："小伙子你很有想法呀，可是，你需要我们做什么呢？需要我们帮你投资还是？"

"不不不，我就是向几位前辈请教经验的！"周旭连忙说道，他怕这些人误会了他的意思，他现在连公司都搭建不起来，还谈什么投资呢。

"小伙子，咱们浙江人做生意这么些年，你见过哪一辈的人是靠着别人的经验把事做成的？叔当年没你这么有本事，没能考上这么好的大学，叔十七岁出来打工，娶的老婆也是服装厂的女工人。"一位秃头的大叔笑着说道，他虽然没有文化但看上去却非常有涵养，说起自己的家事一点都不紧张。

"叔当时觉得儿童服装赚钱，就让你婶在家自己做了二十几件，晚上下班以后偷偷拿到天桥上去卖，那是叔赚的第一笔钱！你婶虽然是服装厂的女工，但是非常喜欢设计衣服呢，家里条件好了以后，她也经常将设计好的衣服样稿拿到厂子里去，虽然经常被设计师嘲笑，但她也不怕！你看现在，叔厂里除了给阿迪和耐克代工之外，也有你婶自己的衣服品牌哩！"

周旭听他们讲着过去的故事，不禁感慨万千。

"你现在纠结这该不该做，那能不能行根本没有任何意义，你都没做过怎么知道能不能行？我们也没有干过你这一行，又怎么能给你提供指导意见呢？你现在想这么多完全是在浪费时间呀！别站在岸上学游泳，下去扑腾两下子就啥都会了！"

"要想做成事情，没别的，不要老怀疑自己的方向对不对，先一头扎下去做了再说！时间是宝贵的，机会也不等人，别给自己找退缩的理由！”

那天的交谈周旭虽然没有从他们那里讨得什么经商秘籍，但是他觉得他学到了最宝贵的东西。

你以为你够努力了，你以为你执行力已经够强了，可是那些比你有钱比你成功的人比你更努力，比你的执行力更强，他们比你更珍惜每一分每一秒的时间去做决策！你还有什么资格总是在为自己找借口呢？

周旭以“有任务就立刻执行，不给自己找借口”为原则，努力拼搏了一年。一年后，他完全体会到了这句话的重要性：执行力比想法要重要得多，实干比空想要靠谱得多！横在他面前的问题和困难一点都没有减少，可是他已经磨砺出了一身不让问题在自己面前超过一周的本事。

他也这样要求他的员工们：有任务就去执行，不要给自己找借口。自己暂时做不到不代表这件事情不可能，很多困难往往都是自己吓唬自己而已。

不管你现在是有一个藏在心底里多年的梦想未完成，还是有一个看似困难一直没有去做的事情，还是有一个棘手的工作被搁置着一直没有解决，或者是有一个减肥计划一直未被执行，从现在开始，动起来吧，只要你动起来，就会大大缩短你到达梦想的时间，离解决问题、达到目标、完成心愿的日子就不远了！

但凡让你犹豫的邀约，不去也罢

有一家咨询公司曾经做过这样一份调查，我们的闲暇时间中有70%的时间都花在应答或者主动的邀约上。然而，我们社交聚会中有80%以上都是无效的聚会！

这里的无效聚会指的是，这样的聚会既不能给你增长人脉，也不能拉近你和朋友之间的距离，还不能让你的身心得到愉悦和放松。

80%！这个比率实在是太庞大了！因此，有很多社会学家和心理学家便开始提出极简生活这样的概念，试图帮助人们从日常的无效社交中解脱出来，从而达到更幸福、更健康的生活状态。

然而，对于我们大部分人来说，社交最难的不是做加法，而是做减法。我们总是有着这样那样的理由割舍不掉自己诸多的社会关系，所以对于朋友和亲属，我们最难的不是维系彼此的关系，而是划分清楚彼此的亲疏远近。这是一门学问，是一门需要长时间去探索、实践才能把控得很好的学问，对于刚刚步入社会的年轻人而言，他们对这门学问的了解尤其匮乏！

很多摆脱不了复杂社交关系的人，很难接受这样一个道理：拒绝掉这80%的邀约，你的人生根本不会发生多大的改变！

既然你人生中80%的邀约都是无效邀约，那么那些让你犹豫的邀约，不去也罢！

我的一个学生明睿就是这句话的一个受益人，告诉他这句话的人是他的老婆。

明睿研究生毕业后在一家航天研究院做高级工程师，研究导弹和卫星。他的工作说起来还算清闲，但是刚参加工作的那两年，他过得一点都不清闲。

刚参加工作，他住在研究所的职工宿舍里，职工宿舍里住的年轻人和单身汉居多。他们平日里下班会打打篮球，然后再出去吃点烧烤喝点酒，偶尔也打打牌唱唱歌，一群小伙子聚在一起总觉得青春要不虚度，就要疯到凌晨一两点。

周末的时候，他就更忙了。大学同学、研究生同学、高中同学的聚会邀约一波接一波，各种结婚请柬从全国各地飞过来，就连节假日都没闲时间去陪女朋友出去旅游。

好在，他的女朋友也正处在事业的起步阶段，自己也很忙因此没时间管他。但是，两年的时间一晃而过，他女友已经成了公司的中层管理，日子一下子清闲了下来，这时候她看见整天忙头忙尾的明睿，开始不满起来。

明睿觉得很委屈，这些事情根本不是他想要忙的，而是不忙根本不行，而且女友这两年不也是一直很忙吗？他和女友吵了起来。

但女友的能力有多强他是知道的，这两年他和女友之间的差距已经拉大到了这种地步，也是他始料未及的，他意识到了自己做的可能不对，可是，他也不知道不对在哪里。

但是明睿是个聪明的男人，既然家里有这么聪明的一个女友，那何不向女友请教请教呢？大男子主义从来不是装给自己女人看的东西。

于是，明睿下定决心软磨硬泡让女友帮助他一起改正。

女友只提了一个条件：以后，但凡让你犹豫的邀约，一概不去。

当时明睿就懵了："怎么可能？人际关系岂能是这样说不去就不去的？"

为了帮助明睿纠正自己的观念，在我在公司上管理课的时候，他女友将明睿带到了课堂上。

我们看看明睿开始拒绝掉自己不喜欢的邀约后，生活发生了什么变化。

明睿从每天都和同事打球，变为每周只打一次球。他再也不和同事晚上去吃烧烤喝啤酒，转而将时间全部投入在研究行业内的专业文献上。周末，他再也不会坐好几个小时的公交去参加一个小学同学的聚会了，而是将时间花费在研究美食上，他隔两个月便会邀请自己的好朋友来家里做客，尝尝他亲自下厨准备的菜肴。久而久之，这已经成了他朋友圈里的固定活动，他的小学同学、初中好友、高中朋友、大学同学以及现在的同事，都开始以明睿的住所为核心而形成了社交圈，不再需要他东奔西走。

他后来和朋友的关系疏远了吗？和同事的关系不友好了吗？完全没有！相反，他和同事之间的关系相处得更融洽了，工作起来也更加得心应手了！

这时候，明睿已经完全参透了女友所说的道理：人其实都喜欢和给自己正能量的人亲近，大家都喜欢从别人身上看到新鲜的、好的东西，而不是颓废的、不好的东西。因为明睿从事的是科研的工作，如果他把喝酒的时间全部用在提升自己的科研实力上，那么他的能力就能够对身边的人产生足够的吸引！

所以说，对于自己亲近的朋友和同事的邀约，如果不想去真的没有必要太过于纠结，因为人和人之间的相处，不是靠几顿饭联系起来的。而对于那些本来就没有什么太大联系的同事，就更没有必要花费时间去应答他们的邀约了。回想一下，你们公司之前离职的同事，你还记得谁呢？

所以，同事之间的邀约，如果你犹豫了，你就立刻拒绝它，省下时间去做一些更有意义的事情。

同理，周末朋友的聚会和同学的婚礼，如果你犹犹豫豫，那么就不要去了。你的到场与否其实对别人产生不了多大的影响，而那些真正能被你的到场与否影响到的邀约，你可能根本不会犹豫。

生活需要简单且清晰的规则，只有减法做得好，你的人生才可以避免很多不必要的纠结，才能从繁忙疲惫的饭局、酒局、牌局中脱出身来，好好审视自己当下的生活。

我的一位师兄李菲，他是联想集团华东区的销售总监，他应该是八面玲珑、逢局必到吧？但实际情况却恰恰相反！他是一个非常珍惜时间和非常珍惜机会的人，他有一条人生准则：如果一个邀约让他犹豫一分钟以上，那么他就绝对不去！

当你开始拒绝那些自己并不是非常愿意接受的时间浪费后，你的时间会得到保护，而你的情绪也会更加舒适。尽量减少自己纠结和无效浪费的时间，将自己的日程牢牢控制在自己的手里，在你学会了如何掌控自己的生活后你就不会觉得累，轻松会带给你生活的动力和希望，你的人生也将因此而更精彩！

所以，没什么大不了的，那些让你犹豫了的邀约，真的不去也罢！

让你等上十五分钟的人，下次直接拉黑

这是一个非常简单直接的命题：让你等上15分钟的人，下次直接拉黑。

我们在扩展自己朋友圈的时候，也要适时地清理自己的“人际圈”和“朋友圈”，那些对你来说不是很重要的人，如果让你等上15分钟，下次你就可以直接拉黑他了。

不守时是一种令人反感的习惯，在我接触的人中，那些习惯性迟到的人都是穷人，至少不是有钱人。当然，约会时女人迟到的例子除外。

当我没有能力时，对于这种行为也只能隐忍不发，如果是熟悉的人，我会提醒或是催促他们，但几乎没什么效果。所以，如果我能摸清他们的迟到规律，算出他们的迟到时间，我会利用这个间歇去逛逛书店，甚至去超市买点东西。

我不会因为对方的迟到习惯而刻意晚出来一会儿，因为这会让我失信，而我是一个守时的人，不习惯迟到。在等待对方的时间里我会变得焦虑，我承认，我到现在也无法控制这种焦虑情绪，更无法妥善利用对方的迟到时间，因为这段时间不固定，他们可能迟到5分钟，可能迟到10分钟，也可能迟到半小时。

所以，当我不用再看别人脸色的时候，我决定按照自己的规矩来，凡是迟到15分钟的人，便进入我的黑名单。要么转身离开，要么致电对方另约时间。对于“屡教不改”者，除非是客户，否则一律拉黑。

迟到是种病，得治！

在美国生活的时候，见过很多习惯性迟到的人，他们无论是去公司开会，参加社交活动，还是跟朋友约会，总会迟到，每次都满不在乎地说：“不好意思，我迟到了。”

他们的不以为然，让我无法接受。在生活中，你迟到我不管，最多是礼节性问题，但在工作中，你让我等就不行。你的时间不值钱，我的可不是！所以，对于这些家伙，第一次出于礼貌我会提醒他们，第二次干脆拉黑不见。

在经历过无数次被“放鸽子”事件之后，我分析人们之所以迟到的原因，是因为他们不愿意早来。

这类人同样讨厌等待，他们不愿被人“放鸽子”，所以宁愿“放别人鸽子”，真应了曹操那句话“宁教我负天下人，莫教天下人负我。”

在他们看来，别人的时间永远是可以牺牲的，然而这些人的时间大都比较廉价。他们习惯性地从自我的角度思考，从不考虑对方的“一分钟”值多少钱。对于这类人，如果他是我老板，那么我无话可说；如果不是，我就要很严肃地表明态度了。

我曾在《今日美国》看过一篇文章，文中假设当时的花旗集团总裁桑迪·韦尔开会迟到了15分钟，那么折算出来，公司就会损失4250美元，这是因为与他开会的四位员工都是公司副手，他们在2002年的时间价值折算相加之后价值四千多美元。

所以，很多优秀人士从不迟到，因为他们知道时间的价值。然而，想要准时到并不容易，因为很多不可预知的事情会阻碍你，那么只有提前到达，这也是很多成功人士采用的方法。戴尔电脑公司的总裁迈克尔·戴尔每次开会不仅早到一两分钟，而且还善于利用这一点时间。《今日美国》曾引用他的话：“我试着每次开会都早到一小会儿，这样我就能了解团队的整体情绪，同时也能在讨论严肃的话题之前和大家进行一些更轻松的交谈。”

看吧，对于富人来说，一分一秒都是宝贵的，所以他们对于习惯性迟到的人总是“零容忍”的态度，直接拉黑。

你穷，你的时间就不值钱，所以你的时间观念就比较淡薄，同时认为别人的时间也跟你一样不值钱。从心里的不重视，是导致迟到的最大原因。试想，如果约你的是老板，你还会迟到吗?

想成为优秀的人，首先要改掉迟到的毛病，成为一个守时的人。如果你有拖延症，务必提前准备。随着智能手机的普及，很多人设定了事件提醒，虽然严格按照时间表行事，但他们还是迟到了，因为路上会遇到未知的情况。

我曾经在出门办事的时候，都会详细地计划时间，虽然在他人看来有些好笑。我当时并不清楚那些人笑话我的原因，现在弄明白了，他们认为那些不重要的事情，没必要精准计算时间，显然是小题大做了，可我还是将这个习惯坚持了下来。

每次乘坐地铁出行，我基本都能准时或是提前到达，但是乘坐公交车出行的时候就很难保证了。一次约见客户，因为公交车迟迟不来而晚了10分钟。这是之前从未发生过的情况，我没有想到公交车会晚点，虽然客户通情达理，但是那次教训之后，出行之前我总是打出富余，宁可早到也不能让别人等我。

守时是一种好习惯，别小看这种习惯，你以为迟到几分钟无所谓，但等你的人不会这么觉得，尤其是那些有钱人，他们不习惯等别人。如果你不改掉迟到的习惯，穷神就会找上门。

垃圾信息，请在两分钟之内处理掉

微信、QQ、微博、MSN……随着社交软件的普及化，人们的生活圈子越来越小，小到一个手机屏幕，就可以包罗万象。

可是，手机里的联系人一多，各种垃圾信息便扑面而来，我们每天都接受这么多信息的轰炸，无形中浪费了大量的时间，而我们浪费在垃圾信息上的这些时间并不能产生任何效益。

你不想再刷朋友圈那么多一模一样的软文，才能看到一条朋友发的真实的状态；你不想再看那么多自拍，才能找到朋友的求救信息。你不想一打开QQ一上线，那些你从来都没有说过话的群里消息立刻99+。

你每天混迹于这些网络平台上，天天能刷两个小时朋友圈，花费一个小时去看QQ群里的聊天记录，再用一个小时去刷微博……你是看到了很多信息，可是，这些消息对你真的有用吗？

不要再在垃圾信息上浪费你宝贵的时间了！所有接收到的垃圾信息，请你在两分钟之内清理掉！

是否在日常的生活中，你也经常遇到以下这些状况？

1.群发的无聊信息，骗红包的段子

安安自从加入了家里兄弟姐妹的群以后，基本每周都能收到表姐四五条的消息。

“请问，0和1有什么区别？”这是表姐第一次发给安安的微信信息。

表姐是一个只有小学文化程度的家庭主妇，而安安已经是上海某五百强公司的中层干部了，对于安安，表姐是有些嫉妒又有些鄙夷的，因此也经常刁难她。

在安安接到这个消息的时候，心里着实思考了很久，回还是不回呢？不回或者说不会，那不正中了表姐的下怀，正好可以嘲笑一下她不够聪明？那就索性回吧。这看上去是一个脑筋急转弯似的问题，她没有什么头绪，于是打开电脑百度了一下，但是网上信息繁杂，且是一大段一大段的描述，她找了一条看上去最靠谱的描述，精简总结了一下，发给了表姐。

“不对，再想。”

表姐以一种姐姐的口气，否决了她。安安这下子清醒了过来，她为什么要花费一个小时的时间和表姐玩这种无聊的脑残游戏？而以表姐这种人看来，这问题的答案不会是一个能让人脑洞大开、焕然一笑的妙点子。她不想玩了。

“我猜不出来，答案是什么？”

“你再想想，它们有什么不同。”

安安放下手机，不再理会表姐了。她这种逗弄三岁小孩似的循循善诱让安安觉得极其无趣，而且她的人也是无趣的，她不能跟她一样浪费自己的时间在这些无聊的事情上！她还有更重要的事情去做！她想，表姐应该不是突然间发一个问题来考她，而是表姐太无聊了，群发的消息玩的吧？

果然，从此每隔两天，表姐的微信便会来，全都是一些微信讨红包的段子：“你跟我关系好不好，就看今天了，觉得你跟我是什么关系呢？就发对应的红包给我吧。朋友，1元；亲人，10元；爱人，88元……把这条信息也发给你的朋友，看看有多少人回复你噢！”

这种无聊的信息，想必已经很常见了。安安本想发一个10块钱的红包过去，让表姐的心里温暖一下，但是她忍住了。表姐这是有多无聊多无知，才会以这种方式在朋友圈里浪费时间？浪费了自己的时间，也浪费了别人的时间！

穷人，自然有穷人的可恶之处，整天不认真工作，却想着在朋友圈收几个红包就能一夜暴富吗？她没有办法理会。

从此，表姐的消息过来，她只会花两秒看一眼，有事她会回复，没事，她连看都不会看下去。有些事情，有些人，有些消息，没有必要想太多和关注太多，哪怕这个人是你的表姐。

对于你的朋友圈，你也可以大体做这样的处理，垃圾信息就不要再回复了，也不要再跟风着去转发，如果你真的闲得太无聊去转发这条消息了，那么你就该反思自己了，你的时间到底值多少钱？你该如何合理地利用它让它产生真正的价值呢？

2.总是发无用信息的人，就屏蔽了吧

表姐的事情让安安反思了很久，是否自己也因为朋友关系、亲人关系等等一系列的关系，而浪费了自己很多的时间？

于是，安安自己列了一个时间表，统计出了她每天花费在QQ和刷微博和朋友圈上的时间，竟然多达4个多小时！

这个时间真的是太可怕了！安安震惊过后，开始冷静地分析起来。

QQ她是不能下线的，和同事的沟通、客户的交流很大一部分是依赖于QQ的，而且自己参加的户外活动也是通过群来组织的，她退掉QQ那是不可能的。于是，她对自己的QQ进行了清理。

除了自己的同学群和兴趣群、工作群之外，安安还有其他总共三十几个杂七杂八的群。这些群，有的是大学时候参加某个活动而被拉进去的，有的是早已经退出的某些组织的群，这些群对她早已经没有了什么价值，只是群里一直还有人说话，她闲来也会瞄上一两眼。这些无关紧要的群信息，也浪费了她很多的时间。

于是，她清理了一下自己的QQ群，该删除的删除，该屏蔽的屏蔽，不知道该删除还是该屏蔽的一律屏蔽掉，很快，她的QQ群便干净了。

第二件事，清理朋友圈。她是一个随和且心软的人，不太愿意直接把别人删掉，因此，她统计了自己所有好友的朋友圈信息，那种只发代购信息做微商的，全都屏蔽了他们的朋友圈；那些每天只发没有意义的鸡汤，或者不加任何思考就转发一些没有由来的文章的朋友，她也全部屏蔽掉了。

虽然，她只屏蔽了这两类人，可是第二天，她的朋友圈一下子就清净了许多！各种朋友的动态一下子就明晰了起来！

第三件事，清理微博。微博对于安安来说，是一个复杂的东西。她既不像QQ那样上面有很多工作上往来的同事，也不像是微信那样，她只想在上面浏览到朋友和亲密的人的信息。微博是一个包罗万象的存在，她无聊的时候，喜欢在微博上看看新鲜事，而且微博上的很多大咖明星也能让她快速浏览到很多八卦。微博还有一个很重要的功能，她关注了很多的公众账号，这些公众账号一般会发很多有用的消息给她，比如约稿函呀什么之类的，她必须要看。

于是，她将微博进行了分组。明星一组，工作一组，同学一组，娱乐一组，文学一组。于是，当她的时间足够她支配到哪一项的时候，她直接可以选择该条目进行浏览，而不必接受太多的垃圾信息。

从那之后，安安每天花费在社交软件上的时间由4个小时缩短到了半个小时，她想看到的重要的信息，却一个都没有落下！

快点整理起来你的社交软件吧！不要让垃圾信息，占用你太多的时间！

3.工作邮件，请尽可能在你看到后的一分钟内给予回复

除了微信和微博等各类社交软件之外，我们平时生活工作中邮件用到的也很多。尤其是在工作中，你会收到各种各样的与你有关或者无关的邮件，其中绝大部分是只要你知悉便可以的。

对于所有的邮件，请你在看到之后的一分钟内给予处理和回复！

对于公司行政部门发送的食堂当日的菜谱，办公楼什么时候又要进行大扫除和消毒之类的邮件，你只需要花半分钟浏览一遍，看完之后立刻删除掉。因为这些邮件想要传达给你的信息都已经传达到了，你没有必要将这些邮件还留下来，因为你不会再回来翻看它。

对于一些发给别人但是抄送给你要你知悉的邮件，快速地浏览一遍，如果有异议的话及时回复邮件，提出自己的观点，如果没有异议，需要回复的立即回复，不需要回复的可以做删除处理。

而对于一些工作上的问题的邮件，你需要自己的阅读，阅读之后就给出每一封邮件的问题的解决办法，或者不属于你自己负责的部分请转发抄送给他人。千万不要死等，也不要暂时想想话该怎么说。工作就是工作，简洁明快，追求高效和精简，没有人会去在意你的措辞和你的造句，因此没有必要那么文质彬彬，只要你想清楚了，并且把话说清楚了就可以了。

在看到邮件后的一分钟之内，做出决断，给出解决方法。这样会给你一个舒心畅快的早晨，你不会再觉得烦躁忙乱，一切都会变得好起来！

慢半拍的人，注定是人生的loser

在我们身边，总是有这么一些人，他们做事情总是慢半拍。然而，无论是在生活上慢半拍还是在事业上慢半拍，你都浪费了自己和别人的时间，那么你就注定是这场博弈中的失败者。

我们都知道打游戏的时候是需要团队配合的。在打游戏的时候整个队伍的人都全神贯注、小心翼翼，盯着屏幕眼睛眨都不眨一下，然后突然之间你的一个队友因为慢了半拍，没有及时释放技能，导致你的队友被人砍死直接挂了！这时候，你难免会摔了键盘大骂一句："你真是猪一样的队友！"后来，你可能就不太希望这样的人跟你们一起组队打游戏了。

在生活和工作中，也是这样，一个慢半拍的人不会那么好地被人接受和欢迎。

可是，慢半拍的人就要喊冤了：我们天生就是慢半拍的人，难道这个社会就不留给我们一点生存的余地吗？我们的大脑没那么聪明所以才总是慢半拍，你们所有人都要来谩骂嘲笑我们，要诋毁远离我们吗？慢半拍还不叫人活啦？

不不不，对此我要说的是，世界上其实不存在真正"慢半拍"的人，只要你是一个健康的人。那些看上去“慢半拍”的人，他们也只是在某些事情、某些方面慢半拍。究其原因，慢半拍其实是因为他们在做事、说话之前没有良好周密的计划和没有有效充足的思考。

我的侄子就是这样一个人，他正在读高中，做数学题总是比别人慢，数学老师和家长都说他“脑子慢半拍”。可是，一提到历史，他能坐在那里侃侃而谈讲上两个小时，每次历史考试都是名列前茅，历史老师总是夸他聪明，夸他脑子灵活。

你看，同一个脑子，在不同老师的眼里，便有了不同的看法。我侄子酷爱历史，不仅将历史书上的东西看得滚瓜烂熟，更是自己翻看了很多课外资料，有时候数学课上他都偷偷地看历史小说。这样持续的时间长了，历史老师的每一个问题他都能对答如流，而数学老师的每一个问题都够他想半天，看上去像是比别人“慢半拍”。

他的慢半拍，是因为他并没有像是学习历史那样去学习数学，没有下那么多的功夫，做那么多的努力。因此才会成绩不好，然而家长、老师和他自己都很少去纠结更深层次的原因，只是简单地总结一句“慢半拍”。

而我在工作中，也见过很多这样“慢半拍”的人。在我刚开始工作的第一年，办公室里有一个声音低沉、做事磨叽、说话缓慢、半秃着头的年轻人，他叫小林。

为什么我要强调他是年轻人呢？因为他确实很年轻，89年的，当时也才26岁，已经工作了三年了。不过，他工作了三年之后，完全变成了一个看上去像是50多岁的，一点活力和新思想都没有的老年人，他的说话方式、做事方式一点也看不出来年轻人的干脆利索和果敢勇毅，因此，他在公司待了三年还是初级员工。

小林总是慢半拍，这是整个项目组的人都知道的事情。每次开会讨论一个问题，大家都已经讨论结束换话题了，他还停留在上一个问题上，时不时说出来一句话能把人噎死。每一次由他负责的工作，当别人有问题来问他怎么办的时候，他都是支支吾吾地先沉默半天，吞吞吐吐解释不清，最后把人家气走了。每一次他和别人合作的时候，都是彬彬有礼点头哈腰，可就是不提高自己的思考速度和说话速度，弄得和他合作的人最后都发一通火，再也不愿意和他一起共事了。久而久之，我们便觉得，就连小林走路也是一晃一晃慢半拍的样子。

可是，他是真的脑子慢吗？并不是。如同我表弟有历史的死穴一样，小林也有他的死穴，那就是动漫和美女。最近有什么漫展，又有什么新番，你只要问小林，他必定无所不知，讲解得比他跟上级汇报工作要清楚明了多了。我们在工作群里讨论问题，小林从来不插嘴，或者就是在我们讨论完后的某一天突然跳出来说自己对于这个问题的看法，可是，只要群里一发美女照片，或者某个同事的朋友的“征婚”照片，小林立刻就出现了，他永远都是第一个回复消息的人……

三年后，领导以他不适合我们这个项目为由，将他调到了别的项目，他在另外一个项目没待几天，便被另外一个项目的领导开除了，开除原因也是因为他总是慢半拍，跟不上大家的节奏。而他在公司的这几年，也因为慢半拍让大家对他的工作能力并不是很肯定，走出去找工作面临的处境也非常艰难。

难道小林真的是头脑不够用，胜任不了这份工作吗？其实并不是，小林在工作上非常有经验，相比于刚刚入职的大学生来说他也算个老人了。

假使他在和大家开会讨论问题的时候，能够先将会议的内容思考思考，想想方案，再带着自己的思考成果去参加会议，效果是不是就好得多了呢？假使他能将自己手头上负责的工作，认真细致地计划一下，理清楚每一个问题每一个细节，会不会在别人来问他的时候，他就能对答如流了呢？这样是不是就能节约大家的时间，不必引起大家的不满和埋怨呢？假使他能在工作上用点心，在遇到问题的时候立刻着手去解决，而不是呆呆地等着别人去解决，那么他最后是不是也不会在职场上有那么失败的经历？

所有的慢半拍其实都是战略上的懒惰，战术上再怎么勤奋也是无用。

所以，如果你是在某些方面也慢半拍的人，那么不要在沉迷在“我本来就是慢半拍的人”这种自我安慰的性格定位中，你应该好好思考一下，对于这些事，你是否有足够完备的计划和足够清晰的思考。在生活中你和家人慢半拍或许没有什么关系，但是千万不要把这种缓慢带到工作中来！

如果你实在不喜欢你现在的工作，你不想去思考它，不想为它付出一丁点的努力，那么你就赶紧离开这个坑，去换一份你喜欢的工作。可是，如果你换不了，那么就请你保持清醒的头脑和足够的灵活性，努力地去做你现在在做的事情，不要求你做得优秀，但最起码你要做得合格吧？毕竟，你的工作给你薪水，而钱是你活在这个世界上的资本。

同理，如果你喜欢一件事情，那么就去做，如果你喜欢一个人，那么就去说，没有那么复杂，也不要那么纠结。机会都是稍纵即逝的，如果慢半拍，它很有可能就从你的手里飞快地溜走了。

慢半拍的人，注定是人生的loser，你的人生已经没有多少时间可以浪费了，快快行动起来朝着自己的目标和梦想进军吧！

你是谁？在社会中有多少角色需要扮演？

时间如白驹过隙，忽然而已。如果讨论到个人时间的合理分配，那我们不得不讨论一个话题：家庭与事业之间的平衡。你想要拼事业以获得更好的收入，想要照顾年迈的父母，还想要多陪陪刚上学的孩子，可你的时间只有一份，你不知道该怎么平衡。

如果我们把自己的位置摆得高一点，再高一点，站在一个旁观者的角度上再来审视自己的人生，这一生你都有多少角色需要扮演？而这些角色又会花费你多少时间，这些角色对于你的成功和财富都有什么重要的意义呢？希望看完下面的文字，你能明白该如何在这些角色之间合理地分配自己的时间。

为人子女

我们大多数奋斗阶层的人，都承担着为人子女的角色。父母是生我们养我们的人，是他们给了我们人生，给了我们一个温暖舒适的家，抚养我们长大成人。我们每一个人能有今天的成就，都应该感恩自己的父母亲人。

但是，我们大多数的白领阶层都在离家远的地方打拼着，一年回不了几次家，看着父母渐渐年迈，自己却没有能力在身边照顾陪伴，愧疚之心想必也不是没有。

可是，我们到底该怎么做呢？听从古人的教训父母在不远游，还是遵从自己的意愿勇敢地天南海北闯一闯？

其实，对待父母，我们不仅要有时间陪伴，更要有充足的耐心和反哺的本真，并不是你和你父母在一起的时间越多就是越好的，这也不能证明你就越孝顺，但是，你对你父母有满满的爱和关心，像是他们培养小时候的你一样培养他们的老年生活，那么你就会发现一个不一样的天地。

菲姐是个相当有智慧的女人，大学毕业后只在一个大公司待了两年之后便离职创业了。她的一生充满了传奇，顺风顺水地考上了好大学，顺风顺水地进入了五百强大公司，顺风顺水地创业了，还顺风顺水地赚了一大笔钱。

但是菲姐绝对不是什么富二代官二代，她的父母都是农民，在重男轻女的社会，她父母还是不惜一切代价小学就将菲姐送去城里读书，这让菲姐从小就有了娇软的气质但却遗传了父母坚韧与不服输的本性。

从菲姐大学毕业的时候，她就意识到了一点，父母以后可能是不能跟她长期待在一起了。即使她将父母接到上海来和自己住在一起，巨大的贫富差距也会让父母感到不安，她平日里工作特别忙，这让父母看见，他们心里也会不好受的。

于是，菲姐在毕业后用自己半年的积蓄给父母买了一辆二手的SUV，送爸爸妈妈去驾校学了驾照。两位年近五十的老人有了自己的车，高兴得不亦乐乎。菲姐又给他爸妈买了单反相机，换了智能手机，两个老人接触了网络之后，世界就变得大了起来，他们经常开着自己家的车出去旅游，爸爸拿着那个昂贵的单反相机，总觉得要每天都拍照才能不浪费掉它。

就这样，两位老人有了自己的爱好——自驾旅行和摄影。没有了菲姐的陪伴，他们的日子过得却也非常多姿多彩。去年秋天，两位老人甚至开车跑来了上海，他爸爸一边给女儿展示拍的照片，一边跟她说，他跟她妈妈计划还要开车去西藏玩。

菲姐听后非常开心，她的心愿达到了。对父母好不一定非得是陪在身边，让他们有自己的精神寄托是更好的方式。

安顿好了自己的家人，她在外拼搏起来也就更顺手了。很快，她就和老公将事业搞得风生水起，又给父亲换了更好的车和单反。而父亲的摄影趣闻也让他们获益匪浅，菲姐的老公想要开一家小小的茶餐厅，菲姐的父亲前来帮忙，打理了几天，他经常跟自己的客人讲旅行途中的见闻，还给他们看自己拍摄的照片，没几天，热爱旅游的人来他们店里的越来越多，菲姐和老公看到了商机，干脆将店改为了旅行俱乐部，全权交给父亲打理。两年下来，收入也不少呢。

你又是怎么处理和父母之间的关系的呢？

有钱人从来不会让自己的父母等，也从来不会借着忙的借口冷落自己的父母，他们有强大的能力既照顾好父母，又完成好自己的事业。

父母从来不是我们生活和前进的阻碍，他们是我们的翅膀，我们要照顾好自己的翅膀，保护好自己的翅膀，这样，你才能比别人飞得更快，而不是凭着双脚走路，一味地折损自己的翅膀。

劳动者

劳动者这个词语的意思有点宽泛，听上去也有些政治教科书的意味，但是这里我们想要讨论的是一个很简单、很现实的话题。

处于这个社会中，你就是一个劳动者，你付出的劳动会获得酬劳，这些酬劳将成为你的财富。你要靠着财富来吃饭生活，穿衣看病，你要靠着这些财富活下去或者活得更好。

然而，我们很多人对于自己目前的工作并不认真努力，理由总是理直气壮地有很多种：我不喜欢这个工作；我在等待跳槽的机会；工资太低了，我并不想付出；我跟同事关系不好；这不是我的兴趣；我最近心情不好……

年轻人，对于我们中间的大多数人来说，付出和回报还是成比例的。这个社会，你努力了才有人付你钱，你创造价值了才有人看好你，你表现突出了才有人看到你是金子！每一个公司和机构，对于他们培养的员工也是一种投资，每个人都愿意投资那些优质的股票，谁愿意去投资一个丝毫不见起色还脾气大得不行的人呢？

你不喜欢这个工作，那你就辞职去找你喜欢的工作呀，谁拦着你了？你想要跳槽，就自己积极主动地去联系猎头和别的公司，准备简历参加面试，天天空想，谁能看到你在准备跳槽？工资太低了，你为什么不去找工资高的工作呢？跟同事关系不好你有没有想过怎么样去改善？目前的工作不是你的兴趣，那么你的兴趣是什么，你又为你的兴趣付出了多少？还有最最不负责任的话就是因为心情不好所以你不想要工作，这个世界上资源是有限的，你占着这些资源不创造任何价值却说一句你心情不好，你知道非洲每小时有多少人饿死吗？

所以，当你在一个位置上的时候，就努力地去做那个位置上的事情，把自己当前的工作做好，才有资格谈你想怎么样。盲目地随波逐流只会浪费掉你自己宝贵的时间，一味地混日子销毁的是你的整个人生！

别为自己的懒找借口，别为自己的不努力找借口，你要知道你是一个劳动者，你要接受并且认可这个身份。

你看，时针又转了一圈，日子又过了一天。

为人父母

影视剧中我们常常会看到一些误入歧途的富家子弟对着自己的父母高声大喊：“你们从来就只会给我钱！你们从来就没有关心过我！除了钱，你还给过我什么？”

警匪片中一涉及青少年犯罪的题材，这个少年主谋背后一定会有一个显赫的家世和忙得不回家的父母。社会上确实存在这种现象是没错，可是，我们其中有很多名不见经传的人本来就没有什么显赫的身份，却把自己不成功的原因归结在自己是为了陪孩子上。

真的是有钱人的孩子童年就是缺失的吗？我想，有这种思想观念的人你一定是电视剧看多了。有钱人家孩子的成材率可比犯罪率远远高多了，而且社会上有很多正能量的事情来反驳这一点。

我们姑且不去讨论有钱人和穷人家的孩子的成才问题。我们现在只将目光集中在，你要带孩子和你的工作之间的冲突问题上，陪孩子重要，还是升职加薪重要？

我的答案是，孩子童年时光家长是一定要花费很多时间来陪的，这关系到孩子以后一生的成长问题。然而，升职加薪和对未来的追求，也是不能落下的，因为谁想成为成功者的理想都是没有错的，而且财富会让你和你的孩子拥有更好的生活。

我不是要你在特定的时间里做两件非常难的事情，而是希望你能分清主次，在该做什么的时候就做什么，专注于一件事情，不给自己找多余的烦恼。人的一生是一个长跑马拉松的过程，工作是，生活也是，只要你能在后面迎头追上来，那么前面你是一直在跑还是跑一会儿歇一会儿，都不重要。

吴总监就是一个事业心很强的人。他和自己的同学一起进入公司，三年后大家都表现突出，在自己各自的部门坐上了小项目经理，事业前程一片大好。可是这时候，他的老婆怀孕了，他思考了很久决定先放弃事业上的上升，来专心地陪伴家人。这一陪就是五年，五年内，他自己主动放弃了很多升职的机会，依旧只是做一个小的项目经理，凡事亲力亲为，不断地积攒着经验和阅历。

当时还不如他的人，这五年内在公司的职位都已经比他高了，可是他并不惊慌，他知道自己想要什么。五年，足够培养好一个孩子的心性了，在儿子进入小学、稳定上学一年后，吴先生再次将自己的精力拼搏在了工作上，由于他过硬的资历，一旦发力便势如破竹，三年便从项目经理坐到了总监的位置，和那些之前超越他的人不差上下。

所以，眼光放长远一些，要有长期的计划，短暂的休憩和停留并不能影响你事业的长期发展，多陪陪你的孩子，重要的事情，你可以一件一件来。

多陪陪你的家人，这会为你的财富增值

在我们对自己在这个社会上的角色进行了分析之后，不知道你是否已经有所思考，有所行动，来让自己更好地利用时间，以达到更加有钱的目的？

成名成家、富贵安泰，这是我们很多年轻人的梦想，也有很多人在思考，这个社会性的话题能不能用理工科的思维来分析，找出一个固定的模式和理论呢？

哈佛大学的学者们，花了76年的时间对一大批样本人群进行了研究，他们总共跟踪了724个人，这些人里面有中途退出的，有死亡病逝的，也有家道中落的，还有平步青云的。很巧的是，参与这项调查的人员还包括大名鼎鼎的美国总统：约翰·肯尼迪。

最后得出结论：影响一个人成功和有钱与否的因素，竟然是爱。

然而什么是幸福？是钱，名望，或者成就感？

其实都不是。一句话：好的社会关系能让我们过得开心、幸福。具体来说，可以分为以下三点：

1. 孤独寂寞有害健康，社会关系对我们是有益的。

2. 关系的质量要比数量更重要。

3. 好的人际关系可以保护人的大脑。

什么？乍一听起来似乎有些奇怪，这个世界一流学府花费了整整76年，难道就是为了给我们熬一碗浓浓的鸡汤？

其实细细分析起来，这个结论不无道理。

首先，和家庭和睦相处，获得爱多的人，他能有更好的社会地位。

如果我们生活在一个充满爱的家庭里面，那么从小我们便能接受良好的教育，养成健康积极的道德观念，这对于我们个人初期的成长非常有帮助。而当我们逐渐步入青壮年，一个良好稳定的家庭关系是我们在社会上打拼的良好的靠山和退路，家在我们失意的时候给我们鼓励，在我们挫折的时候给我们温暖，在我们绝望的时候给我们希望，有家人作为支柱和精神力量，那么你便可以以一个更好的状态去拼搏！这样的人，会比那些家庭不幸福的人走得更长远，因此收入也会更高。所以，多花点时间在你的家人身上，这将是一项看不见的长期的投资。

其次，获得爱多的人，他会有更加稳定的情绪和更加健康的体魄和思想。心理学上讲，被爱的人往往更懂得爱人，而缺爱严重的人往往心理都不会太健康。从小在被爱的平稳环境下长大的人，他们更懂得用同理心去体谅别人，更懂得关怀别人，照顾别人，有更加包容宽厚的态度，更能站在对方的角度上去思考问题。而这样的人，情绪大都稳定，不走极端化，平易近人、容易相处，而我们之前的文章中也提到过，情绪管理对一个人的成功与否是非常重要的。

实验结果还指出，和母亲关系要好的人要比与母亲关系不好的人收入高出很多。其实母亲是我们在这个世界上最亲的人，这个角色的好坏可能直接影响着我们人生的走向。她生我们养我们，在把我们抚养成人后便默默无闻地为这个家操劳着。和母亲关系好的人，大都没有心理负担，情感上没有负债，有积极努力的进取心和对这个世界满满的善意。

所以，不要吝惜在你家人身上花费的时间，这将会为你的财富增值哦！

不断更新，让自己不断增值

牛津大学有一项研究表明，造成贫穷根源的9大问题是：

1. 总找借口（22%）

2. 恐惧（19%）

3. 拒绝学习（11%）

4. 犹豫不决（13%）

5. 拖延（9%）

6. 三分钟热度（8%）

7. 害怕拒绝（7%）

8. 自我设限（6%）

9. 逃避现实（5%）

如果你已经读完了前面所有的章节，不知道你对于这9个问题是否已经有了全新的认识？

其实和这9个问题相关联的，恰恰就是时间的管理问题。

做事总找借口，有时候其实是你对自己面临的处境没有一个清醒的认识，对时间没有一个非常好的掌控能力，让时间和机会在不知不觉中便从你的面前溜走了，无意识的情况下造成的时间浪费着实可怕，无论是在工作上还是学习上，你是否清醒地意识到自己的时间都花费到了哪里？你是否为了找借口而浪费了更多的时间？不找借口直接去做是不是能更加有效呢？

我们因为害怕而往往不敢尝试新事物，可是我们也都知道敢于第一个吃螃蟹的人或许才能获得比常人更大的财富，所以在机会面前不要畏首畏尾，认准了就去做，将时间花费在实干上往往比花费在多余的恐惧和退缩上更有价值！勇往直前是对你时间的尊重，珍惜自己的时间不浪费自己的生命。

一个人掌握新技能，一步一步不断提高自己的方法，那就是通过不断的学习。学如逆水行舟，不进则退，这个社会每一天都在发生着翻天覆地的变化，只有不断充实自己，你才能在历史的潮流中不被冲刷下去，快速实现自己的梦想。无论你每天有多么忙，一定要抽出一定的时间用来学习。

犹豫和拖延，是浪费时间最大的杀手。试试前面所讲的方法，战胜你的犹豫和拖延，让你的人生更加高效地运转起来！

不要为你的人生设限，有什么梦想就去努力，有什么愿望就去实现它！在之前的章节中我们分析了很多成功人的案例，讲解了很多节约时间的小技巧。这些小技巧其实都不是独立的，需要我们在生活中活学活用，融会贯通，不断用这一套规则和标准去检验自己，去提升自己。久而久之，你就会变得越来越优秀。

或许命运对我们每个人都是不公平的，但是上帝给予我们每个人的时间却是公平的，请记住，搞定时间，你就能成功！